W0271559

Aus der Kuchlkredenz

Gedichte aus Wien von

Trude Marzik

Photos aus Wien von

Franz Hubmann

Paul Zsolnay Verlag

13. erweiterte Auflage
Alle Rechte vorbehalten
© Paul Zsolnay Verlag, Wien 1991, 1996
Einband: David B. Hauptmann, Zürich
Satz: Filmsatz Schröter GmbH, München
Druck und Bindung: Friedrich Pustet, Regensburg
Printed in Germany
ISBN 3-552-04815-4

Aus der Kuchlkredenz

Damit's Ihna auskennen

s'Mundartdichten wird wieder modern
Alle Bot findt ma an anderen Herrn
mit rodn Blei oder mit schwoazza Tinten
wienerisch raunzen und Gschichten erfinden.
Was ihm der Tag so bringt, oder die Nacht,
wird aus'n Ladl zogn, und alles lacht.

Nur ans, des trifft mi mitunter recht hart:
allerweil kommen die Männer zu Wort!
Wo doch die Wienerin – und des is g'wiß –
wia ma so sagt, net am Mund g'fallen is,
redt, grad so wia ihr der Schnabel is g'wachsen,
net immer fein und ganz ohne Faxen.

Is ja die Muttersprach, kummt von die Frau'n.
Alsdern, was solln si die Frauen net trau'n?
I hab kan Schreibtisch, ka antike Kommod,
kan Sekretär mit der mittleren Lad . . .
Oft unterm Kochen, da kann's ma passiern,
daß ma was einfallt, des tuar i notiern:
Wienerstadt, Wiener Leut, Liebe und Lenz –
dann schiab i's eini in d'Kuchlkredenz.

Ungschauta

Wann i
mirs aussuachen derf,
ob i
a Gansleber will
mit Trüffeln, aus Straßburg,
oder a frisches Brot
mit Bradlfett
oder Grammelschmalz,
nimm i ungschauta
's Schmalzbrot.

Wann i
mirs aussuachen derf,
ob i
an Schampanjer will
an echten, französischen,
aus'n Eiskübel,
oder an gspritzten Brünnerstraßler,
nimm i ungschauta
den Gspritzten.

Wann i
mirs aussuachen derf,
ob i
a Dutzend Austern will
(die rotzigen Muscheln)
oder a Beuschel
mit Knödeln und Gulaschsaft,
nimm i ungschauta
des Beuschel.

Wann i
mirs aussuachen derf,
ob i
zu an Empfang geh
in Buckingham Palast
mit der Königin
oder mit euch
zum Heurigen nach Sievering,
geh i ungschauta
zum Heurigen.

Wann i
mirs aussuachen derf,
ob i
nach St. Tropez fahr
zu die Millionäre
oder ins Gänsehäufel
nach Kaisermühlen,
fahr i ungschauta
ins Gänsehäufel.

I kann ma net helfen:
Reich
kann i vielleicht no wern,
aber fein –
nie!

Wunschtraum

I mechat gern berühmt sein.
Net für die Ewigkeit,
net so, wia Goethe, Schiller,
wia Einstein oder Freud.

I mecht ka Marmortafel
am Haus, da, wo i wohn.
Mi braucht ka Schulkind lernen
(was hab i schon davon!)

I mecht nur so bekannt sein,
daß mei Frisör, der Franz,
mi glei als erschte drannimmt
und herricht' dann am Glanz.

Daß mi mei alte Schneidrin
bedient so aufmerksam,
naht wunderschön – und pünktlich! –
geg'n Bild mit Autogramm.

Daß, is bei mir was undicht
im Bad und anderswo,
d'Installatör sich streiten:
wer repariert mei Klo!

Bis ma so hochberühmt is –
a braader Weg und hart.
Die Dichtung tröpfelt weiter,
i aber sitz und wart . . .

Wien is ka Weltstadt net

Hernals

Auf d'Welt bin i kommen im siebzehnten Hieb,
bin in Hernals geborn.
Ma könnt ja sagen: »Geboren in Wien«,
aber da geht was verlorn.

Wann aner Wien kennt, der waaß, a Bezirk
is wiar a eigene Stadt.
Aber Hernals – und drauf bin i stolz –
is wiar a Wien zum Quadrat.

Mir ham a Schwimmbad, a Kunsteislaufbahn,
und die Kalvaribergfreud.
Draußt in Hernals san die Arbeiter z'haus,
und in d'Villen aa »bessere Leut«.

Auf der Alszeiln, am Grünbeckweg wachst no der Wein,
der Friedhof liegt glei danebn.
Und legt ma'n Hernalser eini in d'Gruabn,
so grüaßen als Nachbarn die Rebn.

Kalvariberg

Als Kind war des für mi des Paradies!
»Kalvariberg« war wiar a Zauberwurt!
I tät gern nachschaun, wia des heut so is . . .
Die gleichen Standeln stengan jetzt no durt –

a Zuckerwoll samt Stangl liegt am Bod'n –
der Klane hat bestimmt drum Schimpfer kriagt –
i möcht an Zuckerapfel, so an rot'n,
der pickt so schön, bevua ma'n einiwürgt!

Für d'Maderln gibts die gleichen Sonnenschirm
wia seinerzeit, a Boa aus Papier,
an Kopfputz, weiß und rosa, zum Verliabn,
und in der Mitt a Engel als Verzier.

Für d'Buam den alten Indianerschmuck –
nur daß ma d'Tomahak aus Kunststoff macht –
die Ratschen ratscht net, wart, de tragn ma zruck! –
de Bamkraxler aus Plastik! Guate Nacht!

Für d'Herrn Krawatten, billig, elegant,
und Hosentrager, haltbar und dezent,
Manschettenknöpf – wer is denn scho imstand,
daß er s' von echte auseinanderkennt!

Für d'Hausfrau Heferln, schaun wia damals aus,
mit alle Namen, wasd dir denken kannst.
Waßt was? Der Oma bring ma ans mit zhaus!
»Gruß vom Kalvarienberg« gibt's aa – was manst?

»Was Süaßes« gibt's genau wia dazumal:
a Gigerlfutter und kandierte Traub'n,

und Kokoskuppeln, winzig und normal,
Türkischer Honig, Gugelhupf aus Schaum.

A eigner Wind waht um den Würschtelstand,
a Hauch – du riachst ihm – von der weiten Welt:
Cevapcici und Langos nebnanand,
(a Burenhäutel aa, denn sunst wärs gfehlt!)

»Hot Dogs« statt Würschteln – direkt imposant –
Kartoffelpuffer, knusprig, haaß und fett:
Was seinerzeit no gänzlich unbekannt,
is jetzt a Wiener Spezialität.

»I bleib dir treu«, »Damit du an mich denkst!« –
auf so a Lebzeltherz, da wär i scharf!
Grad wia am Kirtag. Wissen tan ma's längst:
Wien is ka Stadt – is immer no a Dorf!

Und jetzt kummt erscht der wahre Hochgenuß:
a Kokoswurscht! Die habn s' ma nie erlaubt.
Da hats oft Tränen geben und Verdruß –
»des gfärbte Zeug is ungsund und verstaubt!«

Jetzt huast i drauf und kauf ma's justament!
Zehn Deka Aufschnitt! Sehnsucht vieler Jahr!
So guat schmeckts net, stellt ma dann fest am End,
wia's damals gschmeckt hätt, wia's verboten war . . .

Der Schulmief

Der Schulmief is a eigner Mief,
is schwer zum definiern.
Da hilft ka Ventilation,
da hilft ka Renoviern.

Als Kind gehst eini, als a klans –
der Mief war vua dir då.
Wannst als a »Reifer« außisteigst,
der Mief, der geht dir å.

A Mischung is' aus Kreidenstaub,
aus Tafelfetzn, Surgn,
aus Stauböl, Leichtsinn: »Aber was!
Die prüfen eh erscht murgn!«

Aus Lehrerschweiß und Schülerangst,
aus Lehrerzurn und -stolz,
aus Schwindelzettel, Schülerfleiß
und Eingraviern ins Holz.

Aus Viecher, ausgstopft, Schulkakao,
Naturgschichtskabinett,
aus Kelch, den die Frau Schulwart kocht,
und sehr viel Pubertät.

Aus Seicherln, Weinberln, Winkel stehn,
und Rechnen, Aufsatz schreibn,
und Jausenbrot, und Schundroman,
und Schiß vorn Sitzenbleibn.

Aus Schweißfüaß, Turnsaal, Schülerklo,
aus Freundschaft, Hamlichkeit,

aus Lehrer ärgern, Blödsinn treibn,
und aus Durchtriebenheit.

Aus Fidschigogerln, Goethes Faust,
den ersten Lippenstift,
aus Fadisiern, Erleichterung:
»Mir scheint, heut wird net prüft!«

Die Schüler wechseln, d'Lehrer gehn
der Reih nach in Pension.
Zum Schulmief tragt ihrn Anteil bei
a jede Generation.

Geh amal eini in dei Schul!
Und, unter Garantie:
Der gleiche Mief hängt drin als wiar
a alte Melodie.

Hernalser Friedhof

Fast wiar a Frühlingstag. G'hört sich doch gar net
am 1. November.
Wo Allerheiligen – Ordnung muaß sein – immer Stichtag
is g'wesen:
Jetzt fangt der Winter an, und auf'n Friedhof, da tragt ma
den Stadtpelz
's erste Mal wieder, den Mantel, den warmen, den
einnaphthalierten.
Und manchmal schneibts gar, die Kränz und Buketterln, die
durt auf der Erd liegn,
mit Chrysanthemen und Astern und Bockerln und Hauswurz
und Zapfen,
schaun alle gleich aus, schön weiß, denn vom Schnee sans
ganz gleichmäßig zuadeckt.
Aber heut scheint ja die Sunn richtig warm, es is direkt
zum Blankgehn.
Und die Verkäufer san lustig und ruafen dir zua, sollst
dir anschaun,
was s' alles habn da an Stöckerln und Kerzeln, und billig,
so billig!
Blau is der Himmel, der Wind hat recht ausputzt, zum
Greifen nah siecht ma,
direkt wia gstochen, die Türm von die Kirchen, am Berg drobn
die Warte,
am Wilhelminenberg deutlich des Schloß, vom Steinhof draußt
die Kuppel!
An so an Tag is des Traurigsein schwer. Na, wo steht denn
des g'schrieben,
daß ma die Toten nur ehrn soll mit Trauer und Trübsal
und Wana?
I kann ma vurstelln, daß mir, waar i g'sturbn, so a Jammer
net recht wär.

Schön is der Friedhof, die Liachter tan brennen und Blumen
und Kränz sigst
auf jeden Grab. Auf die marmornen Grüft Chrysanthemen
in Lila,
nobel und teuer. Die einfachen Leut setzen selber
die Stöckeln,
d'Kinder tan giaßen und schiaßen voll Lust umanand mit
der Kandl.
Groß is er wurn, unser Friedhof, die Toten wern jedes Jahr
mehr no,
d'Weg san belegt schon, dazua ar a Teil von den Weinberg
daneben . . .
Frisch habn 's vergoldet die Lyra am Grabstein vom Schani,
vom Schrammel,
und a alts Weiberl lest langsam die Inschrift beim
Ferdinand Sauter,
seufzt leis »Ach ja!« und machts Kreuz. »Viel genossen, viel
g'litten«, versteht sich.
Weiter ziehn soll er, der Wandrer, so sagt er, Verwesung
stimmt traurig?
Wisawi steht glei a Wirtshaus, zum Trost für die wunden
Gemüter.
Essen und Trinken halt Leib und die Seel z'samm, dran is
scho was Wahres.
Würschtel kannst haben mit Senf und an Brot, und Schoklad
für die Kinder,
Wein für die Alten, a Viertel is guat gengan Kummer,
des tröst di.
D'Welt is do schön, und des Leben is stärker, drum laß
ma's uns guatgehn.
's andere bleibt uns net aus, und der Ehschowissen kann
warten.

Die Stadtflucht

Das Großstadtleben is a Gfrett,
dem fehlt die »Lebensqualität«.
(Es waaß zwar kaner, was des is,
nur habn wills jeder, des is gwiß.)

Drum hat, wer heute auf sich halt,
a Zweitwohnung am Land, bein Wald.
Der Ehrgeiz nagt: Was d'andern ham,
bringt unserans do aa no zsamm!

A Bauernhaus, scho halb verfalln,
hat allen gleich auf Anhieb gfalln.
Und jeder räumt sei Sparschwein aus,
dann habns es kauft: a eignes Haus! –
wo niemand, nur die Sonne lacht,
und wo die Füchs sagn »guate Nacht!« –
ka Autogstank, nur guate Luft,
ka Lärm! Höchstens der Kuckuck ruft.

Von jetzt ab jedes Wochenend
spucken sich alle in die Händ,
sie pölzen, mauern, hackeln schwer.
Natürlich gibts kan Urlaub mehr,
denn Urlaubsgeld und Urlaubszeit,
die wern gebraucht. Bald is soweit!

Das Haus is fertig. Sehr adrett.
Nur eingricht is no net komplett.
Ka Strom, ka Gas, ka Telefon
und ka WC. Was macht des schon?
In Wien hat man des mehr wia gnua.
Dafür gibts umadum Natur!

Der Tannenduft … und alls so stad …
Jetzt könnt ma rasten … jetzt wirds fad.

Da ladt ma sich halt Gäste ein.
A bisserl Wirbel muaß ja sein!
Man zeigt das neuche Heim gern her;
am eignen Grundstück, bitte sehr!
Ein Gästezimmer für die Nacht –
na, wann so was kan Eindruck macht!

Dann gibts so Leut, die ladt man ein,
und sie sagn immer: »Danke, nein!«
A Landhaus möchtens nicht geschenkt,
(was d'Landhäusler natürlich kränkt),
sie schlafen gern im eignen Bett,
und ihner Lebensqualität
mit Heizung, Liacht, WC und Bad,
die findens, sagn sie, in der Stadt,
und Wien is, sagn s', a Paradies,
am Wochenend, wanns ausgstorbn is,

dann können s', sagn s', in Wien spaziern
und von der Stadtflucht profitiern.

Im eignen Vaterland

Der Wiener, des is ja bekannt,
gilt nix im eignen Vaterland.
Im Ausland, is' aa no so fern,
hat ma uns durch die Bank sehr gern.
»Ah, Wien!« sagt jeder, macht an Schnalzer
und summt dazua den Donauwalzer.

In Östrreich selber hamma's schwerer,
da gibts nur wenige Verehrer.

Die Burgenländer stehn uns nah,
sie arbeiten zum Teil ja da.

In Niederösterreich sans uns gram,
die wolln a eigne Hauptstadt habn.

Ziagst südwärts übern Semmring hin,
die Steiermark, uns is' net grün.

In Kärnten is nix zu erhoffen,
die san mehr nach Italien offen.

In Oberösterreich erst recht
macht ma den Wiener eher schlecht.

In Salzburg neidt ma uns d'Kultur,
weil die gibts dort im Sommer nur.

Das rauhe Bergvolk von Tirol
betrachtet uns verachtungsvoll.

Vorarlberg strebt seinerseits
nach Deutschland hin und nach der Schweiz.

Doch is im Ausland 's Geld oft rar,
kummt der Tourismus in Gefahr,
da locken s' in die leeren Betten
die Weaner eini, d'liaben, netten.
Die kummen wirklich, 's is zu blöd!
Im Haus habn will ma d'Weaner net,
es wär an jeden liaber fast,
die schickerten des Geld per Post ...

Jetzt sans halt da. Ma gibt si d'Hand,
ma redt, versteht sie, sitzt beinand
und wundert si beim Kennenlerna:
»Da schau! Is aa a Mensch, der Weana!«

PERATOR. AVSTRIA
MDCCC
LAVRO.

Burggarten

Nobel und kaiserlich is er, die Gärtner san allerweil
fleißig,
schaut's euch den Rasen nur an, i wär froh, wann mei
Teppich so schön wär!
D'Schuach möcht ma ausziagn und amal, nur amal a paar
Schriat drauf machen …
Doch »das Betreten ist strengstens verboten«, ja direkt a
Entweihung.
Nur auf die Weg, auf die weißen, derf unsereiner
lustwandeln,
und auf die Bankerln, die Sesseln, still sitzen und
lesen und plaudern.
Sesselfraun gibt's nimmermehr, drum is 's Sesselsitzen
jetzt gratis.
Wannst überhaupt no zum Sitzen a frei's Platzerl findst,
dann kannst froh sein.
Schon in der Fruah auf'n Weg ins Büro füattern manche
die Spatzen,
kommen zu Mittag dann wieder und essen a Weckerl
mit Joghurt,
halten das G'sicht in die Sunn und die Füaß aa, die
blassen, zum Braunwern.
Ausländer fotografieren den Mozart und rasten
erschöpft dann,
Kinderfräuln führn im Wagerl die Säugling von
bessere Leut um,
Mütter schaun zua, wia der Klane die ersten patscherten
Schriat macht.
San s' amal älter, dann müassen s' an anderen
Spielplatz sich suachen,
denn da, im Park, is des Rollerfahrn, Fangerlspieln und gar
des Ballnschupfen

strengstens verboten. Es kunnt so a Balln in den Rasn,
den haglichen, rollen!
Nur für die Klan' steht a Sandkisten da, a paar Bankeln
für Mütter.
Aber schön brav sein, ihr spielts zu die Füaß von an
bronzenen Kaiser!
Schief halt er 'n Kopf und schaut abi, denn früher war
er no höcher,
früher, bevor s' ihm versetzt habn da her, und er denkt
wiar im Leben,
daß ihm doch nix, aber gar nix erspart bleibt, dem
Kaiser Franz Joseph.
Und no a anderer Kaiser, der Franz, sitzt recht steif
auf sein Pferderl
mitten im Rasen, zwar klan, doch als römischer Feldherr
verkleidet.
Aber die Vögel, die habn kan Respekt vor der bronzenen
Würde,
fliagn ihm am Kopf, auf die Schultern. Na, Franzl, jetzt
schaust aber g'sund aus!
Mitten im Park liegt a Springbrunnenteich, und die Anterln,
die schwimmen
mit ihre Jungen durt keck umanand, und a jeder sagt:
»Liab san s'«.
Na, und a Palmenhaus hat aa net jeder, daneb'n a Kaffee-
haus,
und in an hamlichen Eck gibt's versteckt gar a hamliches
Örterl ...
Is halt a b'sunderer Park, is gewissermaßen
bevorzugt.
Schön is er, gar net zum sagn. Lauter Doppeladler,
wosd hinschaust.
Und die Latern am eisernen Zaun hat a Krone als
Aufputz ...

Stadtpark

Stadtpark gibts viel auf der Welt, aber an, wo a Fluß mitten
durchgeht,
und von dem Fluß hat die Stadt, wiar ma sagt, ja den Namen,
den alten,
des, möcht i sagn, is was Rar's. Na, wo findt ma wo anders
was gleiches?
Freilich, der Wienfluß is klan nur, bescheiden, a Wasserl,
a stilles,
macht net viel Wasser, plätschert zufrieden dahin bis zur
Mündung,
kann aber, kehr um die Hand, in Sekunden gefährlich gar
steigen –
is wiar die Wiener, die echten, die kriagn aa manchmal
an Gaachen ...
Alsdern: der Wienfluß zerteilt sozusagen den Park in zwa
Hälften:
vorstadtmäßig und einfach der Teil, der zur Landstraßen
hinschaut,
Spielplatz für d'Bauxerln und Fuaßballplatz für die Lackeln,
die großen.
Leise zittern die Bankeln, denn unterisch fahrt ja die
U-Bahn.
Aber, mei Liaba, der andre Teil, der zua der Stadt zua,
is nobel!
Wannst promenierst vua die Blumenrabatten, so rot, daß' dir
weh tuat,
bist in an Kurort, an feinen. Es fehlt nur der Brunnen zum
Trinken.
Aa der Tempel für d'Musi, fürs Kurorchester, der fehlt
net.
Aber Konzert gibts nur selten, der Johann Strauß auf sein
Sockel

fiedelt nur stumm vua si hin, von marmorne Frauen
umflossen,
temperamentvoll in Bronze, und allweil steht er im
Schatten.
Ärgerlich is' für die Fremden, die wolln do den Schani gern
knipsen …
Gibt ja no Denkmäler gnua, von alle möglichen
Künstler.
Würdevoll sitzen s' im Grünen, die steinernen Musen zu
Füßen,
nackerte Musen, versteht sich, des hat ma scho immer gern
gsehen.
Mitten am sonnigsten Fleckerl steht s'Donauweiberl und
schamt sich.
Niemand schaut s' an, denn die Männer durt karteln und kiebitzen
fleißig.
Was is des schönste Weib geg'n an zünftigen
Preferanzer!
Kumm, geh ma weiter und schau ma, wiar feucht heut die Luft
und wiar warm 's is.
Allerhand Sachen kannst ablesen drin in dem Wetter-
häusel.
Durt kannst was tuan für dei Bildung. Wiar weit is von Wien
nach Venedig?
Konstantinopel und Moskau? Budapest, Prag oder
Mohacs?
Des muaß ma wissen als Wiener, wo Wien doch der Nabel der
Welt is!
Da schau! Der Pfau schlagt a Radel, und wiar in Schönbrunn
stehn im Grünen
traurige Störch umanand und Pelikanvögel auf
Stelzen
rund um den Teich, und der neuche Springbrunnen spielt seine
Stückeln –

aufi und umi und quer durcheinand, daß dir's Zuaschaun net
fad wird.
Steign ma no åbi zur Wien über noblige Stiagen aus
Marmor.
Drunten am Wasser die Paarln, ganz eng schliafen s' zsamm
und sie warten
durt auf die Bankeln, die unglaublich braad san. Na, wird's
net bald dunkel?
Aber die Obrigkeit schaut halt auf Wahrung von Sitte und
Ordnung,
hat denen Jungen die Gas odraht. Neuche Latern ham s' durt
aufgstellt,
san eh wiar d'alten, nur heller. Jetzt braucht si kaner mehr
fürchten.
Liebe bei Neonbeleuchtung. Die heutige Zeit. Na, i
waaß net...

Esterhazypark

Viel is net übrig vom Park und Palais des Herrn Fürsten
von Kaunitz.
Grad no die Bam und zwa Götterfiguren aus grauweißen
Sandstein,
wannst ins Apollo gehst, siagst es, a Überbleibsel von
früher,
wo no die Damen in Seiden und Samt mit die Reifröck und
Fächer
durch die Alleen spaziert san, mit weiße Lockerl-
perücken.
Überbliebn is aa von früher der Bunker und nimmt dir den
Atem,
wiar er so dasteht, a grauer Koloß, und er laßt si net
wegtuan.
Andere Gärten habn bronzene Denkmäler, Schiller und
Goethe,
Ressl und Mozart und Strauß und vielleicht aa den Kaiser
Franz Joseph.
Da aber gibt's kan Platz für a Denkmal, kan Teich für die Anten
und Goldfisch.
Freilich, a Flakturm is, san ma si ehrlich, ja aa wiar
a Denkmal:
An was ma denken soll, is wiar a Mahnung. Für immer und
ewig...
Lustig und ahnungslos spieln in sein' Schatten die Kinder
Versteckerl
und in der Sunn auf die Bankeln, da sitzen die Mütter
und tratschen,
stricken a Jackerl und reden vom Mann, von die Kinder,
vom Haushalt.
Aber im äußersten Winkel, da drübn, auf der
anderen Seiten,

hausen die Pensionisten. In andere Park, da tan s'
plaudern,
füattern die Spatzen, die Amseln, und lesen schön langsam
die Zeitung.
Anders geht's da zua: Sie sitzen wia z'sammpfercht,
aner am andern,
manche stengan im Kras um die Tisch und die Bankln
und schaun,
kummt ma in d'Näh, ganz feindselig drein, quasi »tuat's
uns net stören«.
Nix von der gmüatlichen Ruah, von die Tratscherln
der Ruhegenüßler.
Hart is die Arbeit, sie martern den Gstiß beim Tarock
oder schnapsen,
schnapsen oft stundenlang, ganz ohne Pause, vergessen aufs
Essen und Trinken,
bis dann die Frau kummt und bringt in an Reindel was
Warmes zu Mittag,
holt no a paar Flascheln Bier, und dann essen s' im
Schatten vom Bunker.
Viel is net übrig vom Park und Palais des Herrn Fürsten
von Kaunitz...

Beserlpark, glei um die Eckn

Soll ma des bißl verschossene Grün, die paar struppigen
Sträucher,
und die zwa schäbigen Bankeln, die längst nach an Anstrich
verlangen,
soll ma des wirklich an Park nennen? Wolln ma'n halt Beserlpark
haßen.
Fangerl spielen die Kinder, wann d'Schul aus is, rund um des
Mäuerl,
drinnert im Park is für so was ka Platz. Höchstens d'Schul-
taschen schmeißen s'
g'schwind auf die Bankeln. Wer braucht scho beim Rennen die
Büacher, die Hefte!
Ängstlich flattern die Taubn in d'Höh, jeden Tag wern s'
da g'füattert.
Und wann's dann finster wird, sitzt oft a Liebespaar durten
am Bankerl
ganz nah beinander und wischpert. Die brauchen den Park gar net
größer . . .

Alles des war amal, is net lang her no. Jetzt is er
verschwunden,
und, wo der Beserlpark war, stengan Auto voll Freud übern
Parkplatz.
Fragts mi net, wo san die Tauben, die Kinder, des flüsternde
Paar hin.
Wern halt wo anders a Platzerl sich finden. Des Leben geht
weiter.

Gänsehäufel am Sunntag

»Na alsdern! Jetzt schau dir des an!
I sag dirs ja, z'spät san ma dran!
Vua der Kassa dadrucken si d'Leut.
Aber d'Gnädige laßt sie ja Zeit!«

»Geh, red net so patschert daher!
Wer muaß denn all's herrichten, wer?
De Schnitzeln, des Obst, den Salat,
und tausend Sachen fürs Bad!
I bin in der Fruah scho am Sand.
Vergiß i was, dann hast an Grant!
Geh, stell di an, schau net so lang!
I wart mit der Klan' auf der Bank.«

»Du, Mama, de Kasteln san aus!«

»Na, jetzt geh ma nimmermehr zhaus.
Nimmst Wiesenkarten, waaßt eh!

Der Papa hat d'Karten. Jetzt geh
und raunz net! Was sagst, dir is heiß?
I glaub dirs. Du kriagst dann a Eis.«

»Na bitt schön, mir san scho herin.
Bein Tennisplatz legn ma si hin.
Durt san no die wenigsten Leut,
von da is zum Wasser net weit.«

»Jetzt ziagts euch die Badhosn an!«

»Was essen tätert i schon!«

»I möcht gern ins Wellenbad gehn!«

»San viel zu viel Leut, wirst scho sehn!
Da drin sans heut gschlicht' wia Sardelln.«

»Sag, Papa, wo san denn die Welln?«

»Der Lautsprecher brüllt a'm ins Uhr:
Scho wieder a Kind in Valur!
Paß auf, jetzn gib ma die Hand.
I lern da durt schwimmen am Rand.
Hörst, plaaz net! Mir gengan bald ham.«

»Schau, Ameisen san untern Bam!«

»Da setz di jetzt her und gib Ruah!
I schau nur beim Fuaßballspieln zua.«

»Ganz aufzogn bist. Tuats dir net weh?
Im Thermos wär no a Kaffee!
Jetzt geh ma, i glaub, es is Zeit.
Der Weg, bis ma zhaus san, is weit.

Na alsdern! Jetzt schau dir des an!
i sag dirs ja, z'spät san ma dran!
An der Straßenbahn hängens wia Traubn.
Du willst mir ja so was net glaubn!
Mir wärn do scho längst auf der Tour –
du kriagst vom Palästern net gnua!
Scho sechse. Und no so a Hitz.
Miad bin i. Guat, daß i sitz!«

Gänsehäufel unter der Wochen

Scho beim Einigehn kannst es fühln:
heut bist Kaiser in Kaisermühln.
Bei die Kassen sitzen sechs Mann
und schaun di erwartungsvoll an.
Für welchanen sollst di entscheiden?
Den rechts. Er lacht voller Freuden.
Du zahlst. Er bedankt sich recht schön
mit »Küss die Hand« und »Auf Wiedersehen«.
Und drinnat is s' Paradies:
nur Wiesen und Wasser und Kies,
die Bam san so saftig und frisch,
in Reih und Glied Sesseln und Tisch,
ka Musi, ka G'schra, alles stad.
Denen Ang'stellten durten is fad,
sie stehn so valurn umadum.
Der Lautsprechermann bleibt heut stumm,
der Eismann bringt's Fahndl erst jetzt,
in d'Sunn hat die Milchfrau si g'setzt,
die Häuslfrau grüaßt »Guten Tag«,
obwohl ma net muaß und net mag.
Na ja, mach ma ihr halt die Freud:
die erste Kundschaft von heut!
Die Wiesen, das Wasser, die Sonn,
das Wellenbad, d'Restauration,
die Turngerät, Bankerln und Tisch,
die Badwascheln, Badefraun, Fisch,
»Ja, das alles auf Ehr,
das g'hört dir und noch mehr ...«
Jede Laune kannst dir erfüllen
für zehn Schilling – in Kaisermühlen!

Gänsehäufel

Eigentlich hätt er a Denkmal verdient, der Florian Berndl,
weil ers entdeckt hat, des »Häufel«. (War aane von mehrere Inseln.)
Pacht hat ers, wias die Donau damals reguliert habn, und ausbaut,
»Sonnen- und Strombad« is wurn und hat denen Leuten glei gfallen.
Freilich, so schön und kommod wia heut is damals net gwesen.
Hat die Gemeinde erst später so hergricht, vergrößert, verbessert.
Aber die Wiesen, die Bam, das Wasser, die san no wia früher.
Wannst über d'Brucken gehst, schau übers Glander, unt schwimmen die Schwäne
und aa die Anterln; des nächste Mal nimm halt a Brot mit zum Füattern.
Rot-Weiß flattert die Fahne, das heißt, das Bad is geöffnet.
Ziagns statt der rot-weißen amal a blaue auf, Freund, dann is öha,
des is des Zeichen, daß' Bad total ausverkauft und blattelvoll is.
(Kummt aber lang nimmer vua, wo d'Leut immer öfter am Land san,
habn ja scho viele a Häusel, an Grund, wo s' am Wochenend hinfahrn,
und aa die Sonntag, die haaßen, wo alles ins Bad strömt, san rar wurn.)
Wannst zeitlich dran bist – um neune sperrns auf – is' natürlich am schönsten:
's Gras is no feucht von der Nacht, und die Blumen, die san voll Erwartung:
bis dann die Sunn kummt, gehns auf. Wanns wärmer wird, geht der Betrieb los.
Viele per Auto und viele per Straßenbahn, manche per pedes.
Alte und Junge und Mittlere, und Winzigklane im Wagerl –
anpackt sans und schleppen mit, was der Mensch im Bad so benötigt:
Sonnenschirm, Klappstockerln, Liegestühl, Kühltaschen, Decken und Polster,
Handtüacher, Badhosen, Spielsachen, Sonnenöl, Schnitzeln und Mehlspeis,
Gurkensalat und die Windeln fürn Jüngsten, die Zeitung fürn Papa,
Strickzeug für d'Oma, an Schnorchel und Flossen und Fuaßball für d'Buama,
Puppen und Puppenwagn, a Indianerzelt und gar a Schlauchboot.
Jeder kann tuan, was ihm gfreut: in der Sunn liegn oder im Schatten,
Tennisspieln, Tischtennis, Schwimmen und Turnen und anfach nur püseln.
Ganz besondere Feinspitz habn gar a Saisonkabine,
die brauchen net so viel schleppen, die habn sogar Tischerln und Sesseln,
Teller und Eßbesteck, Reindeln und Häferln in eahnrer Kabine,
fast an kompletten Haushalt, die w o h n e n direkt da herunten.

Grad nur zum Schlafen gehns ham in der Nacht. Und wanns regnt, macht des aa nix.
Brauchen ka Häusel, kan Garten am Land, denen gehts da viel besser.
Habn ja an riesigen Garten mit Swimmingpool, Rasen und Blumen,
können des alles genießen, und brauchen si selber net plagen.
Åbrennt sans so wie die Muhrln, die wolln gar kan Mittelmeerurlaub.
Wann im September der Badeschluß kummt, sans alle ganz traurig.
Ausgramt wern die Kabinen, des Badezeug hamtragn zum Waschen.
Abschied haaßts nehmen vom Paradies, die Schlüsseln wern zruckgebn.
Amal no über die Brucken, schwer anpackt, und schwer aa im Herzen.
Bleibt nur aa Trost, aa Hoffnung, die bringt übern Winter uns drüber:
Nächsts Jahr im Summer, vielleicht schon im Mai, halt ma wiederum Einzug!

Mariahilferstraße

Auf der Mariahilferstraßen
is a Wirbel – aus und g'schegn:
Straßenbahnen, Autobusse,
es vergeht a'm Hörn und Segn.

Autonarren – spring auf d'Seiten!
tütatü – die Polizei!
schau, die Klader! – gemma weiter,
grün is's! g'schwind! sunst is vorbei!

Auslag anschaun, rennen, kaufen,
amal da und amal durt.
Den Benzinmief kunnt ma schneiden.
Hamma alles? Nix wia furt!

Aber d'Mariahilferstraßen
hat a zweits, a schön'res G'sicht.
Wer's net kennt, der tät's net glauben,
weil ma nur d'Fassaden sicht.

Denn nach hint naus hat so manches
Haus durt no an Garten, ganz an stillen.
Und wann draußen alles wirbelt,
brockt der Hausherr drin Marillen...

Naschmarkt

Der Naschmarkt is wiar a eigene Stadt,
a Stadt zwischen Lahmgruabn und Wieden.
Jede Zeiln, jeder Stand hat sei bsunderes G'sicht,
und jeder Bezirk is verschieden.

Der Nobelteil is am unteren End.
Durt kaufst nur des Feinste von allen:
Artischocken und Spargel und erstklassigs Obst
(sündteuer, fast net zum derzahlen).

Daneben miachtelt's. Des kummt von die Fisch;
die Karpfen, die Hecht, die Forellen –
greif nur eini in Bottich und suach dir an aus –
die pritscheln fidel und schlagn Wellen.

Um d'Blumenständ ziagt a zarterer Duft
nach Maiglöckerln, Nelken und Rosen.
Alle Farben und Sorten, und Grabkränz gibt's aa,
und d'Blattpflanzen wern täglich gossen.

Gehst weiter aufi, kaufst billiger ein:
Spinat, Karfiol, Kelch und Bohnen,
Paradeis, grüne Paprika, Äpfel und Birn,
Bananen, Orantschen, Zitronen.

Die Sopherl von anno dazumal
hab i g'suacht und nimmermehr g'funden.
Die Sopherln von heut san höflich und nett
und streiten net mit die Kunden.

Die Stimm is no resch, was s' sagen, is sanft –
ma will do ka Kundschaft verlieren . . .

WICHTL
Saftig!
Süss!
1 Kg
4'60

Im Urlaub fliagn s' bis ans Schwarze Meer,
und die Kinder lassen s' studieren.

Wannst Hunger hast, geh zum Würschtelstand,
durt stengan die Leut scho in Masse.
Wurscht, ob arm oder reich, ob jung oder alt,
a jeder ißt zehn Deka »Haaße«.

Daneben ums Eck tuat a alte Frau
Koloniakübeln ausstieren.
Is adrett beinand und hat 'putzte Schuach.
Wird rot und tuat si schenieren.

»Für d'Viecherln«, sagt s' und macht's Taschel zua.
»Da laßt si no manches verwenden ...«
Jeder waaß, des Weiberl hat nie welche g'habt,
sie hat nur a winzige Renten ...

Von Zeit zu Zeit, da kriagt ma an Schreck:
Der Naschmarkt wird nimmer lang leben.
»Er ist hinderlich!« haaßt's, »darum muß er weg!«
Geht's, Leuteln, des derf's do net geben!

A Ort, wo der Gschäftsmann mit Liebe verkauft,
und stolz auf sei urndliche War is,
a Ort, wo ma einkauft mit Lust und mit Freud,
was heutzutag eh scho so rar is,

für's Aug und für's Herz a klans Paradies.
Des solltert erhalten do bleiben.
Es findt si halt leider allweil a Grund,
daß s' ausn Paradies uns vertreiben ...

Watschenmann

Der Wiener braucht kan Psychiater,
wann ihn amal a Kummer druckt.
Er suacht sich andere Berater,
denn zahln dafür findt er verruckt.

Natürlich, jeder hat sein Binkel
an Surgen, oft derschleppt ma'n net.
Im Beisel, hint im Stammtischwinkel,
wird manches leichter, wann ma redt.

Die Spezeln durten inhalieren
ihr Viertel voller Mitgefühl.
Ma kann in Ruhe dischkerieren,
und aus'n Kummer wird a Schwül.

Wann allerdings der Zurn so groß wird,
beinah, wia's haaßt, a Aggression,
daß ma'n mi'n Dischkeriern net los wird,
was, Freunderl, macht der Weaner dann?

Der Wiener braucht kan Psychiater.
Hat er a seelisches Problem,
dann fahrt er in den Wurschtelprater,
und alles löst sich ganz bequem.

Durt steht – a prächtige Erfindung –
der Watschenmann seit altersher.
Is ausgstopft, hat drum ka Empfindung.
Er brummt und setzt si net zur Wehr.

Dem kannst in Ruhe ane reißen,
mit aller Kraft und mit Genuß.

Jetzt brauchst dei Wut net mehr verbeißen,
und net verdrängen dein Verdruß.

Der Chef im Amt? Schnell! Zisch eahm ane!
Dei Alte? Halt di net retour!
Der was im Bus so steßt, der Klane?
Reib auf! Hau urndlich hin! Nur zua!

Die Herrn Minister, d'Autofahrer,
die Polizisten, d'Weiberleut!
Die Ausländer! Die Wirt! Die Pfarrer!
De hau ma alle zsamm mit Freud!

Nur a paar Schilling investieren
für d'Wunderkur beim Watschenmann.
Dann brauchst kan Doktor konsultieren!
Gehst ham und ziagst dir d'Latschen an,

bist wieder friedlich, wieder freundlich,
weil jeder hat, was ihm gebührt.
Dei Inneres is glatt und reinlich –
ka Gacher mehr, nur sehr viel Gmüat.

Der Wiener braucht kan Psychiater;
fühlt er sich innerlich marod,
da fahrt er gschwind in Wurschtelprater,
durt löst si alles ganz kommod.

Politisch Lied

Mir is wurscht,
ob die,
die uns regiern,
schwarz, oder rot, oder grün
mit gelbe Tupferln san.
Mir is wurscht,
ob s' a Krone aufhabn,
oder a Zipflhaubn,
oder, wegn meiner,
Butter am Kopf.
Solang i den Magn voll hab,
a Dach übern Kopf,
und sagn kann, was i mir denk,
und net Angst habn muaß,
daß die Kinder,
die mir in d'Welt setzn
und aufziagn,
murgn totgschossen wern.
Nennts mi ruhig
»charakterlos und gesinnungslos«.
Aa des
is mir wurscht.

Untern Packpapier

Am Graben zu Mittag,
da is aner glegn.
Mit Packpapier zuadeckt.
Nur d'Schuach warn zum segn.

Zerscht gibt's am an Riß,
dann geht ma vorbei.
Am besten net hinschaun.
Aha. Polizei.

So rennt ma gschwind weiter
und denkt ja do dran:
Wer is des nur gwesen?
De Schuach nach a Mann.

A alter? a junger?
a besserer Herr?
a Hiesiger? Urlauber?
Tschusch? a Monteur?

Was kann ihm denn gfehlt ham?
ham s' ihm überführt?
A Selbstmord? a Herzschlag?
hat er no was gspürt?

Dann sicht ma im Gehen:
der Himmel is blau,
die Sunn scheint so warm heut,
die Luft is so lau . . .

Viel blauer, viel lauer
als sunst. Gar ka Frag.

Zu Mittag, im Wirtshaus,
obwohl ma nix mag,

bestellt ma a Golasch.
Und ißt's. Und entdeckt:
No nie hat a Golasch
so wunderbar gschmeckt.

Dann trinkt ma mit Gusto
a zweits Krügel Bier.
Gottlob liegt a anderer
untern Papier . . .

Das sündige Wien

Wien is a Dorf, is ka Weltstadt net,
wirft ma uns allerweil vua.
Um neune auf d'Nacht is der Wiener im Bett.
Vom Nachtleben findt ma ka Spur.

Die gwissen Lokale, verraucht und verrucht,
auf die was der Fremde so steht,
san in kan Führer durch Wien verbucht,
kannst suachen von A bis Z.

Aber gar a so brav is ma do net in Wien,
daß ma solche Sachen net hätt.
I kenn ans. Wann's wollts, so führ i euch hin.
Nur ans mecht i bitten: diskret!

's Lokal is net groß, is 'täfelt mit Holz,
die Tischtüacher bunt und adrett.
Es riacht net nach Sünde. Doch allenfalls
riachts durt nach Bier und nach Fett.

An die Gäst is nix Besunderes dran.
Ma ißt, und ma trinkt, und ma redt,
und manchmal tanzt a Mann mit an Mann,
ka Mensch, der dagegen was hätt.

Die Wirtin, a recht a fesche Person,
die war amal beim Ballett.
Hat an Mann und hat Kinder, und halt' nix davon.
Jetzt geht s' mit der Kelln'rin ins Bett.

Die Kellnerin mit ihrer tiafen Stimm,
a jeder nennt s' nur »Yvett«,

singt Liader für d'Gäst, zweideutig und schlimm.
War früher, haaßts, beim Kabarett.

Klavier spielt a Stammgast, a lustiger Mann,
und alles pascht um die Wett.
Dann ziagt er an Weiberkittel an
und singt dazua im Falsett.

Neulich, da war, so hams mir erzählt,
mit der Behörde a Gfrett.
Gschwind hams des gmüatliche Beisel gsperrt.
Wien is ka Weltstadt net ...

A hamlicher Wunsch

Es gibt manche Wünsche, die wern a'm erfüllt nur im Tram.
Ma sagt nix davon und ma denkt daran still, in der G'ham.
Und manchesmal hofft ma und glaubt: aber heut, da wird's gschehn!
Es is ja nix Bsunders, es freuert a'm halt, kunnt ma's sehn ...

I mecht so gern wissn, ob i des no im Leben derwart:
DASS AMAL A ZUG AUF DER VORORTELINIE FAHRT!

Eigentlich mehr für die Frauen

Kuchlfenster

Mei Kuchlfenster geht aufn Hof.
Wia d'Aussicht is, kannst dir ja denken:
nur graue Mäuern, ka Stückl a Grün.
Willst den Himmel segn, muaßt di verrenken.

Wisawi beutelt ane an Fetzen aus,
schleppt Tewich außi zum Klopfen,
und Windeln hängen zum Trocknen am Strick,
no naß, ma hörts direkt tropfen.

Der Witwer, der Amtsrat vom Neuner-Haus,
putzt hie und da seine Stiefel.
Ma riacht den Kaffee um die Frühstückszeit,
zu Mittag riacht ma den Zwiefel.

Vergangenen Freitag is mir a Spatz
in d'Kuchl da einigschloffen.
Und trotzdem laß i im Sommer gern
mei Kuchlfenster weit offen.

Wann alles still is, noch in der Fruah,
dann hört ma die Glocken läuten
von der Kirchen her, so wia am Land,
wia damals, zu Kindheitszeiten.

Und selten, von weitem, hört ma an Pfiff
vom Bahnhof her, ganz an leisen.
Da wird a'm so wurlert beim Bügelbrett,
ma mechat am liabsten verreisen.

Zwa Kinderstimmen singen a Liad
vom Männlein im Wald, von der Mühle,

und hamlich summt ma die Liadeln mit.
A Tauber gurrt. Dann is Stille.

Um fünf in der Fruah, um sechse auf d'Nacht,
da hört ma a Amsel singen.
Aufn Blitzableiterspitzel sitzt s'
und trillert, als wolltert s' zerspringen.

Was d'Amsel singt, mecht i gern verstehn.
Des is mir halt leider net 'geben.
I glaub, dem Vogel gehts grad so wia mir:
Mir san alle zwa gern am Leben!

Die Zwicker-Helen

Die Hausmasterin vom Neuner-Haus
is, wia Hausmasterinnen so san:
Gehst vorbei, schaut s' voll Neugier zum Guckerl hinaus,
und kehrt hie und da amal zsamm.

Daß s'es Fensterputzen allwei vergißt,
des is wohl an jeden scho klar.
Bei die Mistkübeln waßt net, wohin steign vur Mist.
Dafür wünscht s' a glückseligs Neuchs Jahr.

Sie hat amal bessere Tage gesehn,
wie sie beim Gewerbe noch war,
bei alle bekannt als die »Zwicker-Helen«.
Aus der Stadt san de Herrn kommen gar!

An Zwicker hat s' tragen, damit s' besser sicht,
hat ausgschaut recht intelligent.
Drum hat s' gern erzählt a traurige Gschicht,
daß s' a Lehrerin war. Die war brennt!

Die Gschicht, die hat bei der Kundschaft zogn –
wer gefallen is, gfallt halt den Herrn.
Und war zwar alles erstunken, erlogn,
an Lawendelschmäh hat jeder gern.

Im Summa is haaß und im Winter is kalt,
ihr Erspartes hat s' aa bald verlurn.
Und wias a so geht, auf amal war s' alt.
Da is' halt a Hausmastrin wurn.

62

Und jede Wochn, pünktlich wia d'Uhr,
kummt ihr Freund, der war bei der Bahn.
Kunntat leicht a Jüngere haben. Nur:
An der Zwicker-Helen is was dran!

Frühling

I wir blaad – *sagt a* –
's is a Schand – *sagt a* –
übern Bauch – *sagt a* –
spannt mi's Gwand – *sagt a.*

Is a Wunda? – *sagt sie* –
frißt ja gnua – *sagt sie* –
schau die Hosn – *sagt sie* –
geht net zua – *sagt sie.*

's muaß was gschehn – *sagt sie* –
a Diät – *sagt sie* –
aber glei – *sagt sie* –
sunst is z'spät – *sagt sie.*

Karlsbod – *sagt a* –
des is teuer – *sagt a* –
kammas oschreibn – *sagt a* –
von der Steuer – *sagt a.*

Milch und Semmel – *sagt sie* –
hab i ghört – *sagt sie* –
is gesund – *sagt sie* –
und es zehrt – *sagt sie.*

Fleisch und Kaas – *sagt a* –
is erlaubt – *sagt a* –
nur ka Brot – *sagt a* –
denn des staubt – *sagt a.*

Sauan Wein – *sagt a* –
in der Fruah – *sagt a* –

täglich bsoffn – *sagt a* –
ghört zur Kur – *sagt a*.

Friß die Hälfte – *sagt sie* –
des wär gscheit – *sagt sie* –
i brauch eh – *sagt sie* –
a neuchs Kleid – *sagt sie*.

Hab mi gern – *sagt a* –
tausend Rosen – *sagt a* –
i kauf mir – *sagt a* –
a größre Hosn – *sagt a*.

Brat a Stölzn – *sagt a* –
bis i kumm – *sagt a* –
denn der Hunger – *sagt a* –
bringt mi um!

Eine Pensionistin hat Zeit

Das letzte Mal, vor fünf, sechs Wochen,
da haben wir – weißt noch? – besprochen,
wir werden, wenn ich in Pension bin
und frei dann von Beruf und Fron bin
und auch von sonstigen Problemen,
gemeinsam etwas unternehmen.

Seit 1. Jänner ist's soweit:
als Pensionistin hab ich Zeit.
Es tät mich freun, du kommst zu mir,
ich richt mich klarerweis nach dir.
Nur, sei nicht bös, am Montag nicht.
Am Vormittag, da ruft die Pflicht:

Bei meiner Tochter Staubabwischen,
abwaschen, bügeln auch dazwischen.
Dann geh ich mit dem alten Trauner
seit Jahren Montag in die Sauna.
Die Hauptsach ist, beweglich bleiben.
Drum muß ich auch Gymnastik treiben

an jedem Dienstag vormittag,
für Senioren, keine Frag.
Am Nachmittag gibt's in Stadlau
jetzt einen Kurs für EDV.
Dann gönn ich mir ein Glaserl Wein
beim Wirt am Eck im Sparverein.

Am Mittwoch geh ich ins Museum
und manchmal auch ins Dorotheum.
Dann hab ich meine Damenrunde
am gleichen Tag zur gleichen Stunde.

Gemeinsam gehn wir, die Emanzen,
zum Volkstanz- und Seniorentanzen.

Es bleibt dabei, du kommst zu mir,
ich richt mich, wie gesagt, nach dir.
Nur: Donnerstag ist ein Problem.
Erst Englischkurs, und außerdem
lern ich jetzt Seidenmalerei.
Ich sag dir, da ist nix dabei!

Am Freitag, nur wenn's kühl und trocken,
geh ich gern in den Prater joggen,
dann gleich ins Lusthaus Mittagessen.
Den Nähkurs darf ich nicht vergessen!
Dann helf ich in der Pfarr beizeiten
den nächsten Flohmarkt vorbereiten.

Am Samstag geh ich durch die Stadt
und schau, wer Ausverkauf grad hat.
Ich kauf nur, wenn was günstig ist.
Man muß ja sparn als Pensionist.
Zu Mittag eß ich immer schon
mit Tochter, Kind und Schwiegersohn.

Am Sonntag bleib ich nie lang liegen.
Da wird der Kahlenberg bestiegen,
wir sind da vier, fünf Frühaufsteher.
Nicht Gipfelstürmer! Langsamgeher!
Das Ausflugmachen, das hält munter,
und wenn wir obn warn, gehn wir runter.

Wenn ich nicht grad auf Urlaub bin,
bleib ich ja ohnehin in Wien.
Komm, wann du willst, ich bin bereit.
Denn, Gott sei Dank, jetzt hab ich Zeit!

Die Emanzipation

»Stieren tuats mi länger schon«,
sagt mei Freundin Rosa.
»Mit der Emanzipation
machen s' so a Wasser!«

»Geh, da is gar nix dabei,
lass di do net pflanzen!
Mir san«, sag i, »grad so frei,
wett ma? wia d'Emanzen –

ruaf ma schnell die Lisl an,
d'Anni net vergessen!
Gehn ma amal ohne Mann
nobel auswärts essen!«

Und so warn ma dann zu viert
ohne Männer speisen.
Is ma scho emanzipiert,
muaß ma sich's beweisen.

G'essen habn ma, g'lacht und g'redt,
Rotwein habn ma 'trunken.
»D'Männer«, sag i, »brauch ma net!«
Hab dem Kellner g'wunken,

d'Anni hat die Rechnung zahlt
voller Selbstvertrauen.
»Warts nur«, sagt sie glücklich, »bald
kummt die Welt der Frauen!«

»Liserl, wink des Taxi her!«
»Durt steht ans, des is grad leer!«
»Was, a Weib sitzt am Volant?...
Fahrn ma mit der Straßenbahn!«

Das Aufklappbett

Schon als klanes Maderl wollt i
ganz a weißes Zimmer ham,
und a Himmelbett, a großes,
und an Prinz als Bräutigam.

Aber, wia's so geht im Leben,
was ma will, des kriagt ma net.
Und drum schlaf i seit a klaner
immer no im Aufklappbett.

Unser Zimmerherr is auszogn.
Gestern. Jetzt is's Zimmer frei.
Wann i mir des urndlich einricht,
ganz in Weiß – was is dabei?

Vur die Fenster Wolkenvurhäng,
zart und duftig, wiar a Hauch.
Kann i selber nahn. I schätz halt,
daß i zehn, zwölf Meter brauch.

Und den Teppich – weiß is z'haglich –
nimm i in an hellen Blau.
Ausmaln muaß i vurher lassen,
der Plafon is scho ganz grau.

Vur die Betten rechts und links ghört
halt a Schaffell. I probiers.
Freilich laßt sa si net waschen,
dafür wärmts dir schön die Füaß.

Ja, das Bett. Des is die Hauptsach.
Die Matratzen Federkern,

und an Überwurf, an schönen,
so mit Rüschen, hätt i gern.

In den Kasten bringst alls unter.
Weiß. Fünf Teil. Bis zum Plafon!
Vur der Psyche wir i sitzen
wiar a Königin am Thron.

Freilich tuats der Schlafrock nimmer.
Wann i lieg am Kanapee,
brauch i, des wird jeder einsegn,
wia im Film a Neglischee.

Na, mei Alter, der wird schauen!
»Josef«, sag i, »bist du da?
Tritt herein und sei willkommen!
Dieses ist mein Budoa!«

Hurch, i glaub, i hör wem kommen.
Sechse is. Des is mei Mann.
Peperl, wart, i mach dir d'Tür auf!
Ja, was schleppst denn du all's an?

In den leeren Zimmer wär a
Dunkelkammer gar net schlecht?
Und a Werkstatt so fürs Basteln?
Wanns dir Freud macht? Hast ja recht.

In an Büachl hab i glesen –
hab mirs gmerkt, es war sehr gscheit:
»Sehnsucht, die sich nicht erfüllte,
ist die beste allezeit.«

Sticken wir i mir des Sprüchl
mit an Kreuzlstich recht nett.
Häng's an d'Wand, is eh scho a'gwetzt,
durt, glei nebn mein Aufklappbett.

Kaffee

Eigentlich sollt ma die Häferln erheben
und dazua singen »Hoch soll er leben,
unser Kolschitzky!« Dem tan ma'n verdanken.
Weil er si damals, ohne viel Schwanken,
wia ihm der Kaiser sagt »Will dich belohnen!«
gnumma hat grad nur an Sack grüne Bohnen.
Nimmt er si Edelstana als Lohn,
hätten wir Wiener von heut nix davon,
und es gäbert – des tuat direkt weh,
so a Gedanken! – es gäb kan Kaffee!

Aber wir ham ihm mit Liebe behandelt,
ham ihm verfeinert und ham ihm verwandelt.
Heutzutag gibts drum, ganz ohne Schmäh,
leicht so a Dutzend Arten Kaffee:
Wiener Melange und a Teeschale licht,
Schale Haut, Einspänner (des is a Gschicht!)
dann no an Mokka, ob groß oder klan,
und, wann's recht haaß is, a Glas Mazagran,
Eiskaffee, und der natürlich mit Schlag,
Türkischer, süaß, und passiert, wenn ma mag.
Oder a Mokka g'spritzt, a Kapuziner –
solchene Feinheiten kennt nur a Wiener...

Wie ma ihm kocht? Na, des wißts ja doch eh!
Mancher schwört nur auf an Häferlkaffee.
Ganz a besonders Aroma, haaßt's, hat er
(aber Geduld brauchst) in der Karlsbader
weißen porzlanenen alten Maschin...
Frisch gmahln und stark ham ma'n gern da in Wien.
Blümchenkaffee tuat uns net guat im Magen,
da kennts uns jauken! Doch ans muaß i sagen:

’s Beste an jedem Kaffee is der Duft!
Liegt oft a so a Geruch in der Luft –
wißts ihr, wia des auf an Wiener dann wirkt?

Jetzt hab i direkt an Gusto drauf kriagt …

Der Jour
(leicht durch die Nase zu lesen)

Feli, na endlich! Ich wart scho! Nimm Platz!
Gott, schaust du blendend aus! Whisky, mein Schatz?
Sehr zu empfehlen, Black Label, weißt eh,
bis alle da sind. Dann trink ma Kaffee.
Nein, du, mit Bridge is' heut nix, sei net bös.
Weißt, mit der Puppi, das macht mich nervös.
Aber ich hab – kommen d'anderen schon? –
heut' eine tolle – wirst sehn – Sensation!
Kinder, herein mit euch! D'Mirli is krank? –
Das Kostüm – rasend fesch! Lila macht schlank!
Gitta, der Solitär is aber neu!
Nobel, dein Mann! Ich hab 'glaubt, er is treu ...
Setzts euch, bedients euch. Wir sind schon komplett.
Zucker und Obers – is wer auf Diät?
Heute nicht? Also, dann greifts orndlich zu!
Nein, das Rezept is wie immer tabu,
weil unsre Anna drauf sitzt, sie hat's noch –
sagt sie – vom Kronprinzen Rudolf sein' Koch.
Ja, die Iren hat ihr Zahng'schicht vorbei.
Also, ich sag euch, sie schaut aus wie neu.
Hat vielleicht jemand die Melli erreicht?
Na, in ihr'n Alter is so was nicht leicht ...
Was denn, ihr wißts nicht? Nein, nicht direkt krank ...
Ich hab nix g'sagt. 's is vorbei, Gott sei Dank.
Die Marieluis war in Kenia zur Jagd;
daß die zuletzt noch das Jagdfieber packt ...
Aber das Beste, das wißts ihr noch nicht:
kaum daß mi'n Fredi zu Ende die G'schicht,
hat schon die Eva a neue Affair,
fast a Passion – und sie bringt ihn heut her!
Er is hübsch jünger, man glaubt, 's is ihr Sohn.

Laßts euch nix anmerken! Da sind sie schon!
Eva! Na endlich! Du strahlst ja vor Glück!
Reichst ihn herum – Mädeln, halts euch zurück!
Eva, beneidenswert, er is charmant!
Gibt's bald a Hochzeit? Na geh! Auf'n Land?
Was denn, so bald? Wir sind vollzählig dort!
Geh, kaum seids kommen, so rennts wieder fort!
Wart nur, ich bring euch hinaus. Bist du g'scheit?
In meinem Haus gibt's kan Tratsch über d'Leut!
Wir sagn an jeden, du weißt, alls ins G'sicht.
Hinterrücks ausrichten gibts bei mir nicht!
Grüß dich, auf bald! Hat der Mann Sex appeal!
Draußen sind s'. Kinder, was seids denn so still?
Also: Was sagts zu der späten Amour?
Gott sei Dank! Endlich a Thema fürn Jour!

Der Zahn der Zeit

Die Antschi, was mei Freundin is,
die hat jetzt falsche Zähnt...
Wiar i des hör, gibt's mir an Riß,
und dann, dann hab i gflennt.

Mir zwa, mit Zopferln, gleiche Bank –
jetzt hat's die dritten Zähnt!
Is des denn wirklich scho so lang?
Da sixt, wia d'Zeit verrennt!

Die Antschi nimmt des net so schwer,
is stolz auf ihre Zähnt.
Sie sagt, jetzt braucht s' kan Zahnarzt mehr,
sie braucht nur Kukident.

Sie lacht und kudert um die Wett
und zeigt der Welt die Zähnt.
Ihr Mann – ka Wunder – der lacht net,
der hat ja dafür brennt.

I schau mir s' an in aner Tour,
die Antschi und die Zähnt:
Mir kummt's verjüngt und schöner vua,
und trotzdem hab i gflennt!

Hair

Der Leo – waaßt eh, mei Frisör –
sagt immer, a Pepi muaß her.

Der Pepi – du waaßt scho, mei Mann –
der schaut mi mi'n Pepi net an.

Er sagt – hast du so was scho ghört –
daß a Pepi beim Küssen ihm stört!

I glaub halt, es is nur der Neid.
Wem macht scho sei Glatzn a Freud!

I schick ihm zum Leo – waaßt eh –
der macht ihm a klasses Toupet.

Vielleicht gibt der Pepi dann Ruah,
und halt mir mein Pepi net vua!

Sauna

Jeder will heut frisch und jung sein,
gründlich und von innen her.
Jeder möcht heut gern voll Schwung sein,
is' aa teuer, fallt's aa schwer.
Früher hat ma sich halt g'waschen
im Lawua, des jeder hat,
und am Sonntag is ma 'gangen
pünktlich dann ins Tröpferlbad.
Heutzutag genügt des nimma
für den Kreislauf, für die Haut.
Nur der Mensch lebt gut und richtig,
der sich in die Sauna traut.
Alsdern guat. I pack mei Binkerl:
Schlapfen, Waschzeug, Badehaubn.
Daß i nimmer mit der Zeit geh,
des soll von mir kaner glaubn!
Bei der Kassa, bei die Kasteln
alls normal, so wia ma's kennt.
Doch gehst nackert dann durch's Türl,
Freund, da hat der G'spaß a End!
Zerscht muaßt duschen, dann muaßt trickern,
machst es halt den andern nach.
Vua der Tür zum Saunakammerl
reiß di z'samm. Jetzt wir net schwach!
Auf die Tür! Und nix wia eini!
Serwas Kaiser. So a Hitz!
s' Thermometer zeigt auf neunzig.
I bin g'spannt, wiaviel i schwitz.
Na, i denk ma, setz di nieda.
Lang haltst du des eh net aus.
Då, auf amal, läut a Glockn –
rotes Liacht – jetzt derfst net raus.

»Aufguß« haßt's, und alle g'freun si:
Auf den Ofen, der da glüaht,
schütt die Badfrau kaltes Wasser!
Kannst da denken, was dir blüaht?
Zischen, brodeln, üb'rall brennt's di,
haaß, glüahaaß, wohin 's di drahst,
und dann wachelt s' mit an Handtuach . . .
Jetzt erst waaßt, was Sauna haaßt!
Rot bist, wia a g'kochter Krebsen,
und der Angstschweiß bricht dir aus.
Des soll g'sund sein? Des soll guat sein?
Und wia g'mütlich wärs jetzt z'haus!
Endlich derfst die Tür aufmachen.
Jeder rennt, so schnell er kann,
nix als außi zu die Duschen,
draht auf kalt den Wasserhahn.
Kalt wia Eis rinnt's auf mi nieda.
Na, jetzt trifft mi glei der Schlag.
Aber i hab's überstanden,
und jetzt kumm i aufn G'schmack.
Noch zwa, dreimal eini, außi,
mach i mit die Prozedur,
bis ma dann die Knia scho schnackeln,
denk i »jetzt bist sauber gnua«.
Schleich mi außi. Alles Schlechte
hab i gründlich außig'schwitzt.
(Bin vielleicht scho schlanker, jünger!)
Durschtig müad, und ganz erhitzt
sich i a Espresso winken.
Na, des hab i mir vadient.
Nach der Sauna muaß ma rasten,
des waaß heut scho jedes Kind.
Schnell zur Stärkung an Kaffee her –
ohne Schlag, des is do klar,

und a Stückerl Apfelstrudel
oder zwa. Schmeckt wunderbar.
Schau, da steht a Waag! Jetzt schau ma,
was des Gwicht macht. Was? O je!
Amal Sauna is halt zwenig.
Zeit, daß i bald wieder geh!

Hausmittel gegen Katzenjammer

Auf amal, da kummt so a Tag,
an dem ma si selber net mag.
Ma schaut in den Spiegel hinein:
So alt und so schiach soll i sein?
Die Falten rund um die Augn –
die ganze Schmierasch tuat nix taugn –
die Haar san scho wieder mehr grau,
a Anblick, es graust aner Sau.
Die Glieder san schwer als wia Blei,
es gfreut am ka Arbeiterei.
Was hat denn des alls für an Zweck?
A Kugel in Kopf, dann bist weg!
A Kugel in Kopf is leicht gredt.
Wann i an Revolver nur hätt!
Am billigsten kummat a Strick . . .
Ob's weh tuat, wann i erstick?
Probiern ma's liaber mit Gas!
Mit Gas is des Sterben a Gspaß.
Und wann mi der Franzi dann findt,
in Gedanken 's Zigarrl anzündt,
am End gibts a Explosion!
Wann i ehrlich bin, lad tät ma schon!
Die Möbel san no net alt,
der neuche Herd is scho 'zahlt,
des Zimmer is frisch tapeziert.
Wär schad, wann des alls explodiert!
Am besten, i nimm Veronal.
Da stirbt sichs kommod, ohne Qual,
da is ma im Tode noch schön . . .
Zum Frisör muaß i vurher schnell gehn.
A modische Lockerlfrisur,
ka Färbung, a Tönung nur.

Amalie
Wäsche u. Wirk
Wien,
Fünfhausgas
Tel. R 38

Zum Drüberstreun a neuchs Klad.
Des ewige Sparn war scho fad.
Na alsdern. I gfall ma direkt:
so jung, elegant und gepflegt!

Mir scheint gar, mir steigt aner nach!
Ja richtig. Die Knia wern ma schwach.
Da schau: recht a stattlicher Mann!
Was tua i nur, redt er mi an?
Na wenn scho. Is a ka Malör.
I bin ja ka Teenagerl mehr.
Was sagn S'? Sie laden mich ein?
Auf a Glaserl? Da sag i net nein!

Aus an Glas san drei Glaserln wurn.
Mir is scho ganz haaß um die Uhrn.
Fünf Uhr? Scho so spät? I muaß gehn!
Mit Ihnen plaudert sich's schön!
I hab no was Wichtiges vur:
I muaß no – was muaß i denn nur?
Es fallt mir partout nimmer ein ...
Na, murgn vielleicht. Guat war der Wein!

G'schmalzener Muttertag

So an Muttertag hat jeder gern:
Das Mütterlein wolln ma heut ehrn,
des geht halt den Menschen so nah –
und guat für die Gschäftsleut is' aa.

Zehn Schilling für a winziges Steckerl
Vergißmeinnicht, nur a Verreckerl!
Der Blumenhändler, der lacht:
Schenkt Freude durch Blumenpracht!

A Herzerl mit seidene Maschen,
feinst gefüllt, für die Mutter zum Naschen.
Der Konditor sagt sehr gekränkt:
Fünfzig Schilling is direkt geschenkt!

Und führt ma die Mutter zum Essen,
des Tischreserviern net vergessen!
Der Wirt sagt glei: Essen S'net z'lang!
Es warten scho d'nächsten am Gang!

Bei Dutzende Muttertagsfeiern
tan s' Muttertagsliader nur leiern.
Der Künstler denkt: Ja, wann's es zahlts!
Und legt in die Stimm no mehr Schmalz.

Der Mutter is alles zu teuer.
Sie addiert still die Kosten der Feier:
Leicht vierhundert Schilling in bar!
Gott sei Dank is' nur amal im Jahr!

schwoazza mutatog
(H. C. Artmann gewidmet)

koa'l
i wü kane bleamaln
zan mutatog
do hat a ma
vula zuan
den schä'l ins lawua
einekoetn
bis i blau woa
weula nemlich
hamlich
scho gestan
an flida gfladat hod
in baak
fies mütalein . . .

koa'l
ima drau dengn
am mutatog
das mütalein
hot dars lebn
gebn
muast dangboa sei
dangboa
fia wos
fia des
scheis lebn
on mi
host beschdimd ned dengd
wiasdmi gmochd hosd . . .

Mutter

Des is a Arm, a kühler, glatter …
wann ma als Kind net schlafen will,
allaa, weil an die große Angst packt –
durt zuwischmudeln: glei bist still.

Des is a Hand, die fest und zurnig
im schmerzhaften Dreivierteltakt
(des brennt, tuat weh, da kannst net sitzen)
dir urdentlich den Hintern prackt.

Des is a Finger, der si aufhebt:
»Sei gscheit, sunst wird a Blödsinn draus!«
Des is a Hand, die immer abwehrt:
»Nix schenken – gib ka Geld net aus!«

Des is a Arm, der, kummts zum Letzten,
sich ausstreckt. Haaßt des: »Geh net furt?«
Es kann aa haaßen – glaub i eher –
»I muaß jetzt gehn. Und du: mach's guat!«

Mei Bua

Mei Bua hat a Moped.
Jetzt stellt's euch des vua:
Der kauft si a Moped
und is no a Bua.
Wia lang is' denn her,
is er Trittroller g'fahrn!
Und is er dann hing'falln –
de Buam! wia de Narrn! –
hat plaazt und hat blüat,
de Knia ganz zerschunden,
da hab i'n halt tröst,
und hab ihm verbunden.
Jetzt hat er a Moped,
na, stellt's euch des vua!
Und i hab bei Tag und bei Nacht
nia mehr Ruah.

Mei Bua hat a Hackn.
Jetzt stellt's euch des vua:
Er geht aus'n Haus
um siebn in der Fruah.
Wia lang is' denn her,
hat er Schulaufgabn g'macht.
Und hat er, wia's vuakummt,
an Fünfer hambracht,
da war i halt grantig,
und er hat dann g'flennt:
Ja, hat denn die scheißliche Schul
nia an End?
Jetzt hat er a Hacken
wiar a richtiger Mann.
Und i denk ma immer:

wer waaß, ob er's kann?

Mei Bua hat a Madel.
Jetzt stellt's euch des vua:
Der hat scho a Madel
und is no a Bua.
Wia lang is denn her,
is er kummen zu mir:
I fürcht mi im Finstern,
laß mi schlafen bei dir!
Jetzt sitzens beinander
und brauchen ka Liacht.
Die Zeit is vorbei,
wo er d'Finsternis füacht.
Jetzt hat er a Madel,
is nimmer mei Bua.
Die Zeit rennt wia narrisch.

Ma tragt's mit Hamua.

Gratuliern gehn

Zeig ma d'Händ! Sans urndlich gwaschen?
Hast a saubers Taschentuch,
ka vermudelts, in der Taschen?
Sag ma no amal den Spruch:
»Liebe Tante, dir zu Ehren
ich zu gratulieren kam . . .«
Langsam! Deutlich! Tua net plärren
und net ratschen! Nimm di zsamm!
Mi'n G zwei fahrst bis zum Gürtel –
wirst dirs merken? Kennst di aus?
Und um drei – jetzt is grad Viertel –
bist leicht durt – des gelbe Haus.
Fetz net um so mit die Rosen!
Wart, i bürscht dir no den Kragn.
Tua net aufziagn, putz dir d'Nasen!
Wia oft muaß i dir des sagn!
Was willst net? Mach ka Theater!
Du fahrst außi! 's bleibt dabei!
Ja, den Schädel hast vom Vater!
Jetzt is' glücklich halber drei.
Auf die Firmung hast vergessen
nächstes Jahr? Da brauchst an Göd!
Praterfahrn, a Uhr, guat essen,
ja, des mechst. Dann sei net blöd!
Denken muaß mar aa an später.
Kehr um d'Hand, bist vierzehn Jahr.
Wann der Onkel di ins Gschäft nimmt –
du! Sei net so undankbar!
Der Betrieb soll recht guat gehen –
kane Kinder, reiche Leut –
und dann wird ma weiter sehen . . .
Bua, i bitt dich, sei do gscheit!

Alsdern, geh! Und laß schön grüaßen,
Diener machen, Blumenstrauß.
An Kaffee wirst trinken müaßen . . .
Aber nachher kummst glei z'haus!

Advent

A Fensterl aufmachen jeden Tag
und schaun, was dahinter is,
a Kerzen anzünden jeden Sunntag
und zuaschaun, wia 's brennt,
und warten.
Auf was?

Auf's Fensteraufmachen jeden Tag,
auf's Schaun, was dahinter is,
auf's Kerzenanzünden nächsten Sunntag,
auf's Zuaschaun, wia 's brennt,
und warten.
Auf was?

Auf des, was d' da lang scho hamlich wünschst,
auf was besunders Schöns,
was unserans bestimmt nia kriagn wird,
aber drauf gfaßt muaßt sein,
und warten.

Barbarazweigeln

Alle paar Jahr hab i's wieder probiert –
Barbarazweigeln – nix hat si grührt.
Was hab i alles, daß s' aufgehn, tentiert!
Alles umsunst. Kaner hat blüaht.

Heuer hab i kane Gschichten mehr gmacht.
Auffi am Ofen, wiast es hast bracht,
und hab des Graffelwerk nimmer beacht.
Aufgangen sans! Heut in der Nacht!

Was denn? Auf d'letzt no a neucher Beginn?
Blüaten und Blatteln in Weiß und in Grün –
jetzn tats blüahn, wo die Wünsche dahin?

Kramperl und Niklo

Mama, soll i aa die Patschen
mit der Pasta putzen?
Wann i heut besonders brav bin,
glaubst, wird's no was nutzen?

Stell i d'Schlittschuach aa daneben,
wird des Fenster z'klaa sein.
Bleib bei mir! Denn kummt der Kramperl,
möcht i net allaa sein.

Sag'n Papa, er soll dableibn.
Allweil muaß er furtgehn,
grad, bevua der Krampus kummt
mit der großen Ruaten!

Gel, der Niklo is a Bischof.
Mama, kannst ma sagen,
warum hat er vurigs Jahr
dann an Eh'ring 'tragen?

Der Niklo vom Kindergarten,
mit der Stimm, der hochen,
der hat weiße Handschuach g'habt
mit an Murdstrum Loch drin . . .

Mama, glaubst, des war a echter?
D'Kinder tan so reden . . .
Geh net furt! I hör s' schon kommen!
Wart! I tua g'schwind beten!

Da war Weihnachten no schön

Waaßt no, wia der Christbaum brennt hat?
Wunderkerzen, Engelhaar –
»Mama! Schnell des Sodawassa!«
Mir san gstanden alsa nassa –
Na, wann des ka Weihnacht war!

Denkst no an des »Weihnachtsglöcklein«?
Klane Finger am Klavier –
»Leichte Fassung mit drei Kreuzen« –
feuchte Augen, Rührung, Schneuzen –
manchmal siech i's no vor mir...

Waaßt no, wia der Pepi-Onkel
des Theater bastelt hat?
Hamlich – d'Kinder solln's net wissen –
mit Beleuchtung, mit Kulissen,
mit Figuren an an Draht?

Denkst no an das Weihnachtsgansl,
guat sechs Kilo schwer und fett?
Alle san beim Rupfen g'sessen.
Drei Tag nix als Gansl essen!
Freilich, des vergißt ma net.

Waaßt no, wia ma jeden Abend
fleißig tan habn im Advent?
Zuckerln wickeln, Ketten schneiden,
Nuß vergolden voller Freuden –
wer sich jetzt so freuen könnt!

Denkst no an die Weihnachtsliader
mit die vielen falschen Tön?

Und so guat hat's damals g'rochen:
so nach Christbaum und nach Kochen –

da war Weihnachten no schön …

Schon wieder Silvester

Papa, geh, schalts Radio ein,
denn es muaß glei zwölfe sein!
Auf die Fenster! I möcht gern,
wann s' heut läut', die Pumm'rin hörn.
Und den Sekt holts schnell vom Eis,
d'Fischerln liegn no in der Speis!
Auf der Straßen wenig Leut.
Guate Luft. Mir scheint, es schneit.
Jessas, aber jetzt hat's kracht!
Und der Rotzbua rennt und lacht!
Is der Kurti – kenn ihm eh.
Nur a Lärm is a Gaudee
für die Kinder. I will Ruah,
denn vom Schiaßen ham ma gnua.
Jugend, ja, was waaß denn de –
hast an Schlaf? Willst an Kaffee? . . .
Wieder is a Jahr zu End.
Ja, die Zeit, de rennt und rennt . . .
Wår net schlecht, was manst, des Jahr.
Ehrlich: sei net undankbar!
Mir warn gsund, mir habn zum Leb'n.
Surgen, die wirds immer geb'n.
D'Tant Helen ham ma begrabn.
Neunzig Jahr, was willst denn habn.
Gott sei Dank, ganz leicht is' gsturbn.
Und die Hermi hat an Buam . . .
Bald a Leich und bald a Tauf' –
s'Leben nimmt halt seinen Lauf.
Na, der Urlaub war do schön –
bis auf d'Hitz – drunt in Athen!
Du, die Fjorde, hab i ghört,
san so äußerst sehenswert!

Montag kriag i an Prospekt.
Hansi, geh, wo bleibt der Sekt?
Was sagst? Rafen für den Wag'n?
Ja, die brauch ma. I wer fragn,
wann i's siech, die Frau Dozent,
denn er kriagt da wo Prozent.
Ja, und weil i grad dran denk:
Kaufen muaß i als Geschenk
für die »Silberne« vom Specht
Mokkalöfferln. Ist dir recht?
Du, den Mantel hab i b'stellt,
nächste Wochen brauch i's Geld.
Waaßt no, wia mia seinerzeit
Decken g'färbt hab'n voller Freud,
und draus hab i Mäntel g'macht
für uns zwa. Des war a Pracht!
Denkst no an die Silberfisch?
Wia ma g'sessen san beim Tisch
aus die Erbsen Würmer klaubn?
Nix zum Hazen, nix zum Staubn,
und den allerletzten Tschick
ham ma 'teilt. Es is a Glück,
daß ma niemals drauf vergißt.
Ja, die Zeiten, die warn trist!
Des hilft gegnan Übermuat.
Heut gehts uns ja oft zu guat.
Kinder – schnell, vergleichts die Zeit!
Liacht aus! Prost! Es is soweit!
Donauwalzer! Pummerin!
Busserln her und Busserln hin.
Papa! Walzer! Eins, zwei, drei!
So! Und jetztn giaß ma Blei!

Allaa bist gar nix

Allaa bist gar nix

Du glaubst, du bist wer? Du kummst dir guat vua?
Allaa bist gar nix, des laß dir g'sagt sein!

Allaa bist grad so als wiar a Würschtel,
a anzelns Würschtel, was auf'n Kraut liegt,
oder im Saft von an Gollasch umschwimmt,
Anspannerroß vur an alten Zeugel,
a bissel notig, a bissel traurig.

Allaa bist grad so als wiar a Hausschuach,
a linker Hausschuach, es fehlt der rechte,
als wiar a Uhrringerl, so a anzelns –
wann's no so schön is, es schaut verlurn aus –
weil erst mi'n zweiten des Paar komplett is.

Du brauchst an zweiten, willst mit wem reden.
Allanig reden tuan nur die Narren,
und im Theater die »Monologe«,
die was' durt halten, de haaßen aa nix.
Allanig reden – da kummst dir bled vua.

Du brauchst an zweiten, der was dir zuahört,
der mit dir want und der mit dir lacht aa –
sich gfreun allanig, des is so traurig –
brauchst wem zum Gernhabn, wem, der di streichelt,
sogar zum Streiten, da brauchst an zweiten!
Allaa bist gar nix, des laß dir g'sagt sein.

Magst mi?

Magst mi?
Wannst mi mechst, des wär schön …
Schau, du muaßt des verstehn:
Die Welt is so groß und voll Haß,
und i bin so klaa
und allaa.

Wannst mi magst, gib ma d'Hand,
und dann bleima beinand.
Denn wann i di gspür neben mir,
is die Welt in mir drin
und voll Sinn.

Wannst mi mechst, hätt i gern,
daß d'mas sagst. I mechts hörn.
Den ganzen Tag lang is ma bang:
Wer waaß, wannst nix sagst,
obst mi magst …

Magst mi?

Mir zwa

Waaßt, was du bist für mi,
waaßt, was du bist?
Was fürs Krügel der Henkel,
was für d'Rosen der Stengel,
was fürn Raucher der Tschick,
was fürn Zaubrer der Trick –
des bist du für mi.

Waaßt, was i bin ohne di,
waaßt, was i bin?
Wiar a Haus ohne Tür,
wiar a Durscht ohne Bier,
ohne Wasser a Brunn,
und a Welt ohne Sunn –
des bin i ohne di.

Glaubst, paß ma zsamm, mir zwa,
glaubst, paß ma zsamm?
Wia der Deckel zum Heferl,
wia der Adam zum Everl,
wia des Blattl zum Bam –
glaubst, paß ma zsamm?

Immer no

Sag, wia lang kenn ma uns? Wia viele Jahr?
Mein Gott – so lang scho. 's is gar nimmer wahr…
Immer no ziagts ma den Bod'n unter d'Füaß weg,
wannst mir in d'Näh kummst.
Immer no klopft ma des Herz zum Zerspringen,
wannst mi gach anschaust.
Immer no rinnt's ma eiskalt übern Buckel,
wannst mi nur anrührst.
Immer no kann i auf d'Nacht net recht schlafen,
wannst sagst, du kummst murgn.
Immer no wird ma ganz schwarz vur die Augen,
wannst mi an di druckst.
Immer no is mir zum Sterben so elend,
wannst wieder furtgehst.

Ganz wiar am Anfang. Nach so langer Zeit.
Sag mir, du gscheiter Mensch, was des bedeut'!

Sunntagsglocken

Heut, am Sunntag,
ganz zeitlich
in der Fruah,
hab'n die Glocken g'läut.
Anders als sunst,
lauter,
länger
und feierlicher.

Für a Firmung?
A Hochzeit?
Kommunion?
Is a Feiertag?
Net daß i wüßt.
Läuten,
läuten,
und wolln net aufhörn.

Dann, am Abend,
auf amal,
warst du da . . .
Und des war so schön
wiar a Hochzeit,
a Firmung,
a Kommunion,
all's miteinander.

Jetzt, wo'st furt bist,
läuten s' immer no,
die Glocken.
Hörst es net?

Nachher

Schau, da liegt er neben meiner
und hat d'Augen zua. Er is miad.
Schlaft scho. Schlaf nur, Herzerl, schlaf nur.
Wann i'n streichel, ob er's g'spürt?
Wann er schlaft, dann schaut er aus so
wiar a dummer klana Bua.
I möcht lachen, i möcht wana.
Schlaf nur, schlaf. I schau dir zua.
Und schön langsam wir i ruhig.
Und i schweb so auf und å,
wiar auf seichte, warme Wellen,
drunt am Strand von Jesolo . . .

Deprimiert bis obi

Seit i ihm den Pschistrer gebn hab –
Freitag war's, um halber acht –
scheint die Sunn wia durch an Nebel
und es wird viel früher Nacht.
Meine Füaß, de san so bleiern,
und die Händ, de san so schwer,
wiar a Stan liegts auf der Brust mir,
i derschnaufs direkt net mehr.
D'andern Leut, de wurschteln weiter,
merken's net, was mit mir los,
lachen, reden, essen, trinken.
I tua mit. Und frag: Für was?

Seit i ihm den Weisel gebn hab,
denk i allweil drüber nach.
Mir kummt vur, wo sunst des Herz war,
hab i nur a Murdstrum Loch.
Aber durt, wo eh nix drin is,
tuat's, wo's leer is, damisch weh.
Allweil hör i, wiar i gsagt hab:
»Drah di, putz, di, schleich di, geh!«
Hätt i's do net sagen sollen?
Wird sich alles wieder geben?
Denn: ganz ohne Freud und Hoffnung –
wia lang kann a Mensch da leben?

Goethe: Rettung

Mein Mädchen ward mir ungetreu,
Das machte mich zum Freudenhasser;
Da lief ich an ein fließend Wasser,
Das Wasser lief vor mir vorbei.

Da stand ich nun, verzweifelnd, stumm,
Im Kopfe war mir's wie betrunken.
Fast wär ich in den Strom gesunken,
Es ging die Welt mit mir herum.

Auf einmal hört' ich was, das rief –
Ich wandte just dahin den Rücken –
Es war ein Stimmchen zum Entzücken:
»Nimm dich in acht! Der Fluß ist tief!«

Da lief mir was durchs ganze Blut,
Ich seh, so ist's ein liebes Mädchen;
Ich fragte sie: »Wie heißt du?« »Käthchen!« –
O schönes Käthchen! Du bist gut.

Du hältst vom Tode mich zurück,
Auf immer dank' ich dir mein Leben;
Allein das heißt mir wenig geben,
Nun sei auch meines Lebens Glück!

Und dann klagt ich ihr meine Not,
Sie schlug die Augen lieblich nieder,
Ich küßte sie, und sie mich wieder,
und – vorderhand nichts mehr vom Tod.

Rettung (sehr frei nach Goethe)

Gestern is ma d'Mizzi åpåscht.
Kannst da vuastelln, wiar i feu?
Und i denk ma, vua Verzweiflung:
Schmeiß di eini in Kaneu!

Wiar i mia des Sackl ausziag,
biagt a Mentscherl grad ums Eck.
Schreit: Sans deppert? Herr, was tuans denn?
'S Wassa is ja volla Dreck!

Alsdern, d'Klane is net ohne.
»Fräulein«, sag i, »wolln S' an Tschick?
Fräulein«, sag i, »glauben Sie an
Liebe auf den ersten Blick?«

Sie ziagt Farb auf. Langsam samma
hamzua gangen, i und sie.
Und des graue, kalte Wassa,
des rinnt weita – ohne mi.

Aus is'

I hör allerweil die Tür gehn,
und i spürs als wiar an Stich.
Dabei waaß i, 's is net möglich,
daß i di no amal sich.
Deine Schriat die Stiagn aufi –
scho am Tritt hab i di kennt –
und beim Aufsperrn hast di g'räuschpert –
wia ma si an so was gwöhnt!
I muaß allerweil zur Tür gehn –
um die Zeit, da kummst ja gern.
Scho so spät? Da hast an Hunger!
Daß nur d'Knödeln fertig wern!
Wird dir d'andre urndlich kochen?
Und, wannst huast, an Huastentee?
Rock ausbürschten? Hemden begeln?
Hast gnua Zucker im Kaffee?
Was ma si so alles einbildt.
Was ma si so alles denkt.
Wo der extra Wohnungsschlüssel
scho so lang am Türstock hängt.
I hör immer no die Tür gehn...

Tür auf – Tür zua

Mach die Tür zua
und die Fenster aa,
häng a Schloß vua
und bleib schön allaa,
wannst an Kummer hast,
daß d'nix außilaßt.
Kummer gibt's ja auf der Welt scho gnua.
Drum laß Tür und Fenster bummfest zua.

Reiß die Tür auf
und bleib net daham!
Renn im Dauerlauf,
mach an Purzelbam!
Wanst recht glücklich bist,
sei ka Egoist,
bring das Glück no kuahwarm unter d'Leut!
's wird net klaner, wannst es teilst, dei Freud!

Zum Singen

Lied für die älteren Jahrgänge

Die Jugend spielt die erste Geig'n,
denn Jungsein is modern.
Und wer gern mit der Zeit gehn will,
der derf net älter wer'n.
Die Oma tragt a Minikleid,
die Tant färbt sich die Haar,
der Onkel Franz tragt a Toupet,
geht Bodybuilding gar.
Die Nachbarin lebt von Spinat,
sie sagt, da wird ma schlank,
der Opa lernt jetzt Jazzgitarr
und übt oft stundenlang.
Und jeder plagt sich Tag für Tag,
und glaubt, er wird net alt,
und jeder wär gern ewig jung,
wenn's sein muß, mit Gewalt.
    Was is scho dabei, wenn ma älter wird?
    Das kann schließlich jedem passiern.
    Es is ja ka Schand, wenn ma älter wird,
    dafür braucht sich kaner geniern.
    Es is ka Malheur, wann ma nimmermehr jung is,
    die Hauptsach is, daß ma no immer in Schwung is,
    die Hauptsach is, daß a'm des Leben no g'fallt.
    Wer älter is, der is no lang net alt!
Wer in der zweiten Blüte steht,
der braucht si net verkräul'n.
Die Welt is aa mit fünfzig schön,
ma soll sich drüber freun.
Und wern die Haar aa langsam grau,
und die Figur wird rund,
und wern beim Lesen d'Arm zu kurz –
die Hauptsach, ma is gsund!

Beim Lesen braucht ma halt a Brill'n,
und höher wird die Stirn,
und zwickt's a'n manchmal da und durt:
Net den Hamua verliern!
Geh, laß die Falten Falten sein!
Sie zeig'n, du hast's erlebt
des Lachen, Wana, Herz und Schmerz,
mit aan Wurt: Du hast g'lebt!
Was is scho dabei, wenn ma älter wird ...
etc.

Blattel um

Des Lesen war mei höchste Freud
scho alsa ganza Klana.
Und wann die Gschicht recht traurig war,
da hab i müassen wana.
War a Kapitel fad, bin i
zur Mutter gangen klagen.
Die hat mi 'tröst und glacht dazua,
i hör s' direkt no sagen:
    Blattel um, Kind, blattel um!
    Tua net raunzen, geh, und tua net flenna!
    Blattel um, Kind, blattel um!
    D'nächste Seiten is vielleicht scho schöner.
    Lesen muaßt a jede
    ohne Widerrede,
    aa an solche Seiten muaßt di gwöhna.
    Is a schöne gwesen,
    möchst es dreimal lesen.
    Blattel um, Kind, blattel um!
    Bleib net bei der gleichen Seiten stehn!
    Jede Gschicht muaß amal weitergehn.
    Wannst aa manche Seiten net verstehst,
    's zahlt si aus vielleicht, daß d' weiterlest.
    Blattel um, Kind, blattel um!
    Ob's Buach guat war, was ma glesen hat,
    des erkennt ma erst beim letzten Blatt.
Des Leben is, so kummt mir vua,
a Buach mit viele Seiten:
a bisserl Liab, a bisserl Schmerz,
a Seiten Zwidrigkeiten,
a bissel spannend, manchmal fad
und viel zu wenig heiter.
Oft legerst gern des Büachel weg

und sagst: I les net weiter!
Blattel um, gschwind, blattel um!
Tua net raunzen, geh, und tua net flenna!
Blattel um, gschwind, blattel um!
D'nächste Seiten is vielleicht scho schöner.
Lesen muaßt a jede
ohne Widerrede,
aa an solche Seiten muaßt di gwöhna.
Is a schöne gwesen,
möchst es dreimal lesen,
blattel um, gschwind, blattel um!
Bleib net bei der gleichen Seiten stehn …

Kleiner Hymnus an die Freude
(Heinz Conrads gewidmet)

A große Freud is ganz was Rares –
die reißt di um, die tuat da weh –
die wird da gschenkt im ganzen Leben
so selten, wiar a Orchidee.

Natürlich is die Freud verschieden,
ma kanns net messen, des is klar.
Was für den an a murdstrumm Gschicht is,
des nimmt a andrer gar net wahr.

Die reichen Leut, die triffts am schwersten:
Wann aner alls hat, des is fad.
Was muaß des sein, daß der si freun kann!
Die Reichen tan ma direkt lad.

A klane Freud sollst net verachten –
die halt' schön warm, is guat fürs Herz –
die kriagst net gschenkt, du muaßt es suachen,
so wiast die Veigerln brockst im März.

Des Schöne an der klanen Freud is,
– damit kann si a jeder trösten:
Wannst wirklich willst, so kannst es finden.
Die klane Freud is oft am besten.

Gustostückerln

Apfelstrudel

Als erschtes gibt ma's Mehl aufs Brett.
A Löfferl Öl – net zuviel Fett! –
a lauwarms Wasser, net zu kühl,
ein Ei – ma kriagt des bald ins Gfühl –
an Essig, wirklich nur a bisserl,
und Salz natürlich, nur a Priserl,
dann mischen, kneten, bis d'schachmatt,
und bis der Teig ganz seidenglatt.

Dann deckst a warmes Reindl drauf.
Jetzt nimmt das Schicksal seinen Lauf.
Der Teig muaß rasten, sagn ma, rund
a halbe bis dreiviertel Stund.
(Zum Strudlteig braucht ma Geduld.
Und wird nix draus, bist selber schuld.)

Dann tuar a saubers Tuach ausbreiten,
mit Mehl bestaubn. Ziag in die Breiten
den Teig und ziag ihm in die Läng,
recht locker, ausn Handgelenk,
ziag weiter, bis ma durch ihm siecht.
Nur reißen, reißen soll er nicht!
Reißt ihr der Teig fürn Strudel ein,
dann kanns ka guate Köchin sein!

Jetzt kommt die Fülle, des is leicht:
Mit Butter, flüssiger, bestreicht
ma'n Teig, streut Brösel drüber fein,
dann Äpfel – saure müassens sein –
klein hobeln, Zucker und an Zimt,
und Weimberln, daß der Gschmacken stimmt.
Dann rollst ihm zsamm, aufs Blech a Fett,

am Strudel aa, mehr brauch ma net.
Jetzt in die Röhrn a halbe Stund,
anzuckern – der zergeht im Mund!
Vorausgesetzt, er is geglückt,
dann schau ihm stolz an und entzückt.

Is nix draus wurn, dann hau ihm weg,
und kauf an fertigen bein Bäck!

Wiener Schnitzel

A bsundre Art von Gaumenkitzel
is, wia bekannt, des Wiener Schnitzel.
Ma glaubt: Na, da is nix dabei,
a Schnitzel machen – Kinderei!
Ja, was ma halt so Schnitzel nennt!
Ka Wunder, daß ma's net erkennt.
Im Ausland könntert unserana
oft übers »Wiener Schnitzel« wana.
Da is dann des Entsetzen groß:
Es schwimmt in Tunke oder Soß,
und sie serviern's statt mit Salat
mit Makkaroni und Spinat!

Sogar in Wien habn s' unlängst gstritten:
Von wo wern d'Schnitzeln abigschnitten?
Von welchem Viech? Vom Kalb? Vom Schwein?
Da muaß doch endlich Klarheit sein!
Nach langer reiflicher Besinnung
hat des entschieden dann die Innung:
Ein Wiener Schnitzel, wenn es echt is,
des muaß vom Kalb sein (was net schlecht is);
es kann natürlich auch recht fein sein,
das Schnitzel, sollte es vom Schwein sein.
Nur derf man's dann net »Wiener« nennen.
Ja ja, die Feinheiten muaßt kennen!

Die Schnitzeln – Klopfen net vergessen –
wia dick ma's schneidt, is nach Ermessen,
der ane will's dünn wia Papier,
der andre dick. Jetzt kummt d'Panier:
In Mehl eintauchen auf zwa Seiten,
a Ei mit Milch muaßt vorbereiten,

dann kommen d'Bröseln. Druck nur leicht,
denn sunst wern dir die Schnitzeln feucht!
Dann machst a Fett im Reindel haaß
zum Außibachen, wia ma waaß.
Daß ma die rechte Hitz derwischt,
a Bröserl einihaun, ob's zischt.
Und außibachen, wia ma's gwohnt –
ob resch und dunkel, oder blond,
je nach Geschmack. Und dann recht frisch
bringt ma die Schnitzeln aufn Tisch.
(A altes Schnitzel, des schaut aus,
so wiar a welker Blumenstrauß.)

Jetzt liegn s' vor dir. Na, san s' net schön?
Da laß i alles andre stehn!
An jeden sag i glatt ins Gsicht:
Segn S', sowas, des is a Gedicht!

Die falsche Leich

Die Anna-Tant wird heut begrabn.
Da kommen die Verwandten zsamm.
Wann aa der Anlaß traurig is,
ma gfreut si trotzdem, des is gwiß,
daß ma si wieder amal sicht,
a bisserl plaudert, bisserl spricht.

Natürlich dauert es a Weil,
bis ma si zrechtfindt am Zentral.
Die Pompfünebrer san des gwohnt,
die gehn a jeden glei zur Hand,
daß jeder findt, wohin er ghört,
und daß er net die Trauer stört.

Vorn Sarg bleibt ma a bisserl stehn.
Die Kerzen brennen. Wunderschön.
Dem Toten macht ma d'Reverenz,
und lest die Schleifen von die Kränz.
Auf Zehenspitzen geht ma vua.
Tuat kondoliern. Setzt si dazua.
Die ane seufzt voll Schmerz: »Ach ja!«
Und aner flüstert: »Bist aa da?«
Ma kennt ihm net. Wer kann des sein?
Der Namen fall a'm grad net ein.

Wer kummt denn da? A alter Mann.
Er geht vorbei. Nach nebenan.
»Da san ma!« flüstert d'Resi. »Kumm!«
Er aber schaut si gar net um.
»Du, Toni-Onkel! Da ghörst her!«
Der Toni-Onkel hört schon schwer.
Da winken s' alle ihm zugleich:

»Du gehst ja auf die falsche Leich!«
Na, segen tuat er aa scho schlecht.
Ah, da is' aufbahrt. Ihm is recht.

Vorn Sarg bleibt er a bisserl stehn.
Die Kerzen brennen. Wunderschön.
Und still sagt er a klans Gebet.
Die Schleifen lesen kann er net.
Geht dann ganz selbstverständlich vua.
Tuat kondoliern. Setzt si dazua,
seufzt, wia sichs ghört, voll Schmerz: »Ach ja!«
und flüstert leise: »Bist aa da?«
Ma kennt ihm net. Wer des nur is?
Halt a Verwandter, des is gwiß.

Daneben leidens Höllenqualn:
Wia sollns den Onkel umiholn?
Dann kommt der Pfarrer. Des Quartett
vom Schubertbund singt. Jetzt gehts net.
Den Sarg tragns außi samt die Kränz.
Aa nebnan, bei der Konkurrenz.
Die habn, wia sich der Zug formiert,
den Toni-Onkel glatt entführt!

Im Wirtshaus erst, und zwar nach Stunden,
da hat ihm sei Familie gfunden.

Es war amal a Muttertag

I hab a Gedicht aufgsagt,
hab mi recht geniert,
und bin i dann steckenbliebn,
hast du mir souffliert.
Wiar i dir die Blumen gib,
die zernepfte Pracht,
hast du gsagt: »Der schöne Strauß!«
und hast herzlich glacht.

Und wia so die Zeit vergeht –
d'Jahr verrennen gschwind –
hab i dir statt Blumen bracht
stolz dei Enkelkind.
Der hat an Spektakel gmacht.
Dir wars wia Musik.
Hast ihm frische Windeln gebn
und hast gwant vua Glück.

Jedes Jahr, am Muttertag,
ziagt's mi wieder her.
Blumen bring i, aber Vers
sag i kane mehr.
Vieles möcht i dir erzähln,
glaub, du hättst a Freud.
Tät di so gern lachen hörn,
aber du bist weit.

Du gehst mir ab am Muttertag...

Vor dem Ball (die Mutter zur Tochter)

Willst net do no gschwind was essen?
Bist jetzt fertig? Laß mi schaun!
Weiß wärs Kladel besser gwesen …
Angschmiert hast di wiar a Clown!
Na, na, na, nix derf ma sagen!
Immer bist glei in der Höh!
Willst net meine Ohrclips tragen?
Aber ja! Du gfallst mir eh!
Hoffentlich kriagst kane Blasen –
neue Schuach san a Tortur –
tua dir's Klad net zreißen lassen,
paß drauf auf! War teuer gnua!
Ja, der Papa … Für sei Tochter,
ah, da liegt ihm nix am Geld!
Brauch i a Paar Strümpf, dann macht er
glei a Schnoferl. Scho is gfehlt.
Horch, i glaub, i hör an Wagen!
Schau bein Fenster! San s' scho da?
Und vergiß net, i laß sagen,
wann s' di hamführn, wär i froh!
Hoffentlich hast Platz zum Tanzen
und an Tänzer aa dazua!
Wer tanzt heute no an ganzen
Walzer? Jeder möcht sei Ruah …
Kölnischwasser, wannst verschwitzt bist,
hast bei dir? Und trink net z'kalt
beim Büffet, wannst recht erhitzt bist,
falls dir wer an Schampus zahlt.
Sei vernünftig! Und vor allen,
Kind, verliab di nur net glei!
Dafür muaßt dei Lebtag zahlen,
und mi'n Tanzen is vorbei.

Denk halt dran. Und viel Vergnügen!
Jetzt san s' da. Der Hund tuat belln.
Murgn laß i di länger liegen.
Und dann muaßt mir alls erzähln!

Vor dem Ball (der Vater zum Sohn)

Brauchst Zigretten? Hast dei Karten?
Du, a Stecktuach ghörert no.
Na, du wirst es do derwarten!
Holst am End a Madel å?
Tanz net immer mit der gleichen,
des is allweil a Gefahr.
Jeden Tanz mit aner Neuchen!
Sunst wirst gschluckt mit Haut und Haar.
Hast gnua Geld? Vielleicht muaßt ane
einladen auf an Kaffee,
a Paar Würsteln und a klane
Mehlspeis durten am Büffet.
Tua net waaß Gott was bestellen,
spiel bei ihr kan Kavalier!
Und, falls Wein, dann ka Bouteillen!
(Besser is, du trinkst a Bier.)
Sei vernünftig, frag beizeiten
nebenbei, wo s' wohnen tuat,
und, is' z'weit zum Hambegleiten,
seil di å – i man dirs guat!
Unterhalt di guat, an schönen
Abend! Denk halt an mei Red:
D'Madeln soll ma net verwöhnen!
Also: Nimm ka Taxi net!

Im Fasching

Wia schad, daß der Fasching
nur amal im Jahr is,
weil jeder von Zeit zu Zeit
so gern a Narr is.
Drum is um an Maskenball
gar so a Griß:
Amal darf ma sein,
was ma möcht, und net is.
Ma schlupft ins Kostüm
und ma fahrt aus der Haut,
und macht allerhand,
was ma sonst si nie traut.
A Spennadler geht gern als Falstaff mit Wampen,
a biedere Hausfrau verkleidt si als Schlampen,
den Buchhalter kennst net, er geht als Korsar,
des Lehrmädel, d'Mitzi, verkleidt si als Star,
a Simandl is als James Bond kolossal,
a Nichtschwimmer spielt heut auf d'Nacht Admiral,
der Kommerzialrat geht liaber als Bua,
die Frau Kommerzialrat zeigt sehr viel Figur,
so mancher hat Federn und spielt Indianer,
a Klaner wird größer, a Großer wird klaner.
Man küßt auf die Schulter, und wird des zu fad,
sagt aner als Götz des berühmte Zitat.
Und kaner is bös, denn es is nur a Gspaß,
und kaner nimmts ernst – alles is nur a Gschnas.
Ma tanzt aus der Reih
höchstens amal im Jahr.
Am nächsten Tag is wieder
alles, wia's war.

Die Kreuzelschreiber

Komisch, die Leut!
Sunst tan s' zeppeln und rennen,
hatschen und latschen,
weil s' net anders können –
Plattfüaß und X-Füaß
und viele aa O –
aber auf amal,
i waaß net, wiaso,
alle paar Jahr
an an Sunntag,
da schreiten s'.

Komisch, die Leut!
Sunst san s' g'razt und tan streiten,
d'Alten, die Jungen,
die Dummen, die Gscheiten.
Aber auf amal,
im Feiertagsgwand,
langsam und friedlich,
sogar Hand in Hand,
alle paar Jahr
an an Sunntag,
da schreiten s'.

Dann hat der Sunntag a anderes Gsicht.
Dann san s' ganz Würde.
Dann san s' ganz Pflicht.
Und jeder klane Mann
glaubt heut: Auf ihm kummts an!
Alle paar Jahr
an an Sunntag
schreiten s' zur Wahl.

Komisch, die Leut!
So was nehmen s' no wichtig.
Und jeder fragt si:
»Wer waaß, mach i's richtig . . .«
Und jeder macht dann
voll Hoffnung sei Kreuz.
Wann i mir's anschau,
i waaß net, mi gfreuts.

D'Leut san net schlecht.
Und alles wird wern.
Alle paar Jahr
an an Sunntag,
wann s' schreiten,
da hab i s' gern.

Souvenir aus Griechenland

Des Schönste an der Urlaubsreise
san eigentlich die Souvenir.
Ma hat für d'Reise die Beweise,
die bleibn, is ma aa nachher stier.

Wo warn denn Sie auf Urlaub heuer?
Mir warn des Jahr in Griechenland.
Auf aner Insel. Gar net teuer
und alles äußerst intressant.

Es kaufen Ouzo und Retsina
(so haaßt in Griechenland der Wein)
als Mitbringsel die meisten Wiener.
Bei uns soll's was Beständigs sein.

Ma kriagt dort herrliche Skulpturen
aus weißen Marmor, täuschend echt.
So typisch klassische Figuren,
für Menschen mit Kultur grad recht.

Mei Mann hat wolln a Aphrodite,
a Nackerte, mit kane Händ.
Wir wohnen schließlich so solide,
daß ma die nirgends aufstelln könnt.

Zwa Köpf, die habn mir gfalln scho immer:
der Sokrates und der Apoll.
Ein wahrer Schmuck für jedes Zimmer,
und beide so bedeutungsvoll!

Es war net leicht, sich zu entscheiden:
Apoll, der für die Schönheit steht,

oder den Sokrates, den gscheiten,
denn alle zwaa geht freilich net.

Mir habn dann 'kauft den Philosophen.
Er hat a Glatzen wia mei Mann.
Des is a Vorteil, i sag's offen,
weil ma ihm besser abstaubn kann.

Die Ballade vom böhmischen Glasel

Es stand amal a Glasel
beim Wirten im Regal,
das war nicht feingeschliffen,
das war nicht aus Kristall.

Das Glasel mit sein' Henkel,
gar schlank und schön gerippt,
daraus hat manches Madel
ihr Seidel Bier genippt.

Es war amal a Kellner
mit Namen Pekarek,
der hat geliebt die Anna,
die Anna Matiaschek.

Die Anna war aus Budweis,
der Kellner war aus Gmünd.
Sie hat ihm all's gegeben,
dafür hat s' kriegt a Kind.

Doch auch die Gastwirtstochter,
die wollt' den Pekarek.
Da gab's nur eine Lösung:
Die Anna, die muß weg!

Der Abschied war ergreifend
im Bahnhofsrestaurant.
Er zahlt ihr noch a Seidel,
sie gibt ihm noch die Hand.

Im Zug, der sie nach Wien führt,
trinkt sie den letzten Schluck.

Das leere Seidelglasel,
das gibt sie nimmer zruck.

A Witwer mit sechs Kinder
nahm sie zur Frau geschwind.
Das Glasel hat vererbt sich
auf Kind und Kindeskind.

Von allem Glück und Jammer
und einer Ahnfrau Sünd
blieb nur das Seidelglasel
mit Inschrift »Bahnhof Gmünd«.

Gedanken bei Schrammelmusik

Immer, wann die Schrammeln spieln,
muaß i an mein' Vater denken . . .
D'Schrammelliader warn sei Freud.
Aber ans, des tuat mi kränken:
Wann er hätt studieren können,
wär er reich wurn und berühmt
als Virtuos. 's ist anders kommen.
War ihm leider net bestimmt.
Is a guater Geiger gwesen,
mit an absoluten Ghör.
Aber »ohne Geld ka Musi« –
wann ma arm is, dann is' schwer.
A paar Freund ham zsamm si gfunden
jede Wochen zum Quartett,
und dann ham s' die Schrammelmusi
eifrig gspielt im Kabinett.

Hör i wo a Wienerliad,
muaß i an mei Mutter denken.
Wiar a Glöckerl war ihr Stimm.
Aber ans, des tuat mi kränken:
's Singen is ihr glegn im Bluat,
is ihr ganz natürlich gwesen,
jeden falschen Ton hat s' kennt,
nur ka anz'ge Noten lesen.
D'Leut ham gsagt, die ghörat ausbildt,
denn die Stimm, die gibt was her.
Aber »ohne Geld ka Musi« –
wann ma arm is, dann is' schwer.
Und so is' a Hausfrau worden,
weil ma bald bescheiden wird.

Nur beim Kochen hat s' oft gsungen
vua si hin a altes Liad.

Unsre Kinder lass ma lernen
Noten lesen, Instrument' –
heut kann man si manches leisten –
leider fehlt oft des Talent.
So was kann ma net erkaufen,
net erzwingen mit Gewalt.

Und so gibts halt allweil was, des,
wia ma sagt, den Himmel halt.

Mir leben gefährlich

Des Leben is, san ma si ehrlich,
im höchsten Grade lebensgfährlich.
Ma lebt ja gern, is gsund, gottlob,
doch immer mit an Fuaß im Grab.
In jeder Zeitung kannst es lesen:
Besonders haklich is des Essen!
Ka Fett von wegn die Kalorien,
und – wia haaßt des? – Cholesterin!
Ka Schnitzerl, wegn den Teergehalt,
und aa ka Gselchts, sunst wirst net alt!
Und aa ka Brot, denn Brot macht blad,
von Kohle liaber ka Hydrat.
A Fisch is gsünder für die Bladen,
nur Obacht geben wegn die Graten!
Tschoklad und Zucker? Streng verpönt,
wegn Zuckerkrankheit und die Zähnt!
A Leber is gsund wegn an Eisen,
nur schwer verdaulich – tua guat beißen!
Des Trinken is zwar an sich klass,
doch hochgefährlich und ka Gspaß!
Von Wein und Schnaps is abzuraten,
da kriagt ma leicht an Leberschaden,
Kaffee, der greift den Magen an,
auf Tee ma sehr schlecht schlafen kann,
wer Wasser trinkt, der is a Narr!
(Des Wasser is des reinste Chlor!)
Wannst Milch trinkst, bist aa bald a Leich,
da kriagst die Maul- und Klauenseuch.
Am besten pfeifst auf Speis und Trank.
's gibt andre Freuden, Gott sei Dank.
Das Fernsehn schadet meist dem Hirn.
's wär besser, ma geht mehr spaziern.

Spaziergehen? Wo? Des is die Frag!
Der Großstadtlärm, der is a Plag,
und dann der schreckliche Verkehr,
der schadt den armen Nerven sehr.
Im Wald wärs still, doch gibts dort Zecken.
Wer will scho an an Zeck verrecken!
Bloßfüaßig auf der Wiesen gehn,
im feuchten Gras, is wunderschön,
bis auf den Fußpilz, der dort lauert
und lästig is und sehr lang dauert.
Beim Wintersport, da brichst dir was,
beim Schwimmen is des Wasser naß,
doch sauber net, lauter Bazillen,
die schleichen sich dann ein im stillen!
Schön langsam wird an jeden klar:
Es lauert überall Gefahr.
Die Menschen, aa die kerngesunden,
san stets mit Lebensgfahr verbunden.
Sogar des Küssen, wanns d' mi fragst,
laß sein, weils d' alles übertragst.
Zum Atmen kriagst aa ka Erlaubnis,
weil doch die ganze Luft voll Staub is!

An allen wird a'm d' Freud verdurbn.
Am gsündesten wärs, ma wär gsturbn.

I fahr so gern mi'n Autobus

I fahr so gern mi'n Autobus
ins Ausland, bis ans Meer.
A so a Fahrt is a Genuß
und taugt ma jeds Jahr sehr.

Lang gnua bin i nach Gablitz gfahrn,
jetzt ziagt's mi in die Fern.
Ma will doch schließlich noch nach Jahrn
von der Erinnrung zehrn!

Anfangen tuat's zwar im Büro
mit Streiterei und Zurn,
denn alle stehn mi'n Koffer då
und wolln an Platz ganz vurn.

Na, endlich is a jeder gschlicht'
und sitzt und gibt a Ruah,
und wann der Reiseleiter spricht,
hörn s' wia die Kinder zua.

Vuar uns liegt jetzt die weite Welt,
so groß – und mir so klaa! –,
die fremde Sprach, des fremde Geld –
zum Glück bist net allaa!

Ganz sicher fühlst di mitten drin
bei jeden Schritt und Tritt.
Es fahrt im Bus von Anbeginn
a Stückerl Heimat mit.

Das Reisen bildet ungemein.
Nur ans is a Malheur:

Es stürmt so vieles auf di ein,
auf d'Letzt waaßt gar nix mehr.

Florenz: Durt is der Goliath
oder der David gwesen.
Aus Stan. Hübsch groß. Sunst war's durt fad.
Erstklassig hamma 'gessen.

Vurn Dogenpalast is die Rott
ganz melancholisch wurn,
weil sie daham a Dogge hat.
Dann hat s' ihrn Paß verlurn.

Am Forum – wo war des? In Rom?
Na serwas, marandana!
A Hitz! Und nix zum Trinken z'habn!
Nur Stana, nix wia Stana.

Ins Wasser gfalln is d'Fräuln Marie
(drei Schlei hat s' einigschmissen)
bei die Fontane – was waaß i –
uns hat's vua Lachen zrissen!

Die Stunden san direkt verflogn
beim Volksfest in Rapallo.
Der Meier hat das Taschel 'zogn
a fescher Papagallo.

Die Leut im Autobus, die kann
i eigentlich net leiden.
Am besten streift ma gar net an,
wann s' boshaft san und streiten.

Trotzdem fahr i mi'n Bus so gern,
da fühl i mi wia z'haus.
I halterts, wann die Leut net wärn,
vua Hamweh gar net aus.

Wien is a Kulturstadt

Lyrik

wanst
an satz
unterananda
statt
nebnarananda
schreibst
is des
heutzutag
a gedicht

Regietheater

Am schönsten wär
sagt der Regisseur
Theater ganz ohne Publikum.
Theater pur.
Weil die Trotteln da unt
störn ja nur.

Wagner, »Die Walküre«

Die schöne Sieglinde sitzt ruhig daham.
A komische Wohnung. In der Mitten a Bam,
a Eschen, und in derer Eschen a Schwert,
des hat, wia ma hört, dem Herrn Wotan gehört.
A wildfremder Mann, aa sehr fesch, stürzt herein,
haaßt Siegmund, und sie ladt zum Bleiben ihm ein.
Ihr Gatte, der Hunding, siecht so was net gern,
tuat Gastfreundschaft nur, weil sichs ghört, ihm gewährn.
Der Hunding schlaft ein, und die Liebe erwacht.
Die zwaa san Geschwister, was niemand was macht.
Der Siegmund nimmt d'Schwester und's Schwert ausn Bam,
und dann gengans päule ganz still in der G'ham.

Die Fricka, Sie kennens, dem Wotan sei Frau,
die keppelt, er nimmts mit der Treu net genau.
Er ist von Siegmund und Sieglinde der Vater,
und drum macht die Fricka a rechtes Theater;
weil er s' net beschützt, des hat er ihr versprochen,
drum hat aa der Hunding den Siegmund erstochen.
Die Brünhild, a Walküre von Weib, aa sei Kind,
a recht guate Haut, die entführt die Sieglind.
Sie gibt ihr zwa Stückeln vom Schwert zum Vererben.
Die Sieglinde geht furt, zerscht gebären, dann sterben.
Der Wotan is bös. Will die Brünhilde strafen
und laßt sie zur Strafe am Felsen drobn schlafen,
so lang bis ein Held kommt für sie als Befreier.
Damits net zu leicht is, legt er umadum Feuer.
Dann hebt er sein Speer und sei Stimm voller Gram,
singt von Feuer und Spitze. Und dann geht er ham.

Wagner, »Siegfried«

Es wachst beim Schmied Mime gewaltig heran
der Waselbua Siegfried, a Bild von an Mann.
Der Schmied gibt ihm jahrelang Kost und Quartier.
Zwa Schwerttrümmer hat er zum Lohn kriagt dafür.
So viel er dran schmieden tuat, sie wern net ganz.
Nur der, was ka Angst hat, Jung-Siegfried, der kanns!
Dann rennt er in Wald und dersticht durt an Drachen
(der Bauriese wars, der sein Schatz wollt bewachen).
Durchs Drachenbluat kann er die Vogerln verstehn,
die singen recht hoch und, wannsd Glück hast, aa schön
und raten ihm, er soll den Ring und die Kappen,
die unsichtbar macht, vorsichtshalber sich schnappen.
Er schlagt im Vorbeigehn den Mime no nieder,
der grausliche Zwerg war ihm eh scho lang zwider.
Von Zeit zu Zeit tritt der Herr Wotan dazwischen,
als Wandrer verkleidet möcht er gern mitmischen.
Und wiar er dem Siegfried so kummt in die Quer,
zerhaut der dem Wotan (sein Opa) den Speer.
Und dann nix wia weiter, voll Saft und voll Kraft
zum Felsen dort aufi, wo die Brünhilde schlaft.
Weil er gar ka Angst hat, laßts Feuer glei nach.
Er küßt, wia sichs ghört, die Brünhilde gschwind wach.
Scho wieder a Liebschaft unter Verwandte:
die Brünhilde is ja dem Siegfried sei Tante!
Zum Glück no recht knusprig und fast kane Falten.
Durchs Selchen im Feuer is' bestens erhalten.
Sie stürzt in die Arm ihm direkt rabiat.

Und da sagt ma immer, der Wagner is fad!

Rauchverbot

Wagner, »Götterdämmerung«

Drei spinnerte Weiber – ma waaß net, obs wahr is –
die sagen voraus, was passiern wird: nur Zores!

Der Siegfried nimmt Abschied von seiner Brünhilde.
Er führt nämlich neue Taten im Schilde.
Es fehlt ihm an Sitzfleisch. Jedoch er verehrt
den Ring ihr, den g'wissen. Sie schenkt ihm ihr Pferd.
Er reit' drauf nach Worms, dort regiert König Gunther.
Sei Schwester Gutrune, die jubelt ihm unter
an Trank, daß er alles, was war, schnell vergißt,
aa, daß er a Frau hat. A schäbige List.
Des Trankel wirkt wirklich. Der Siegfried verschaut
sich in die Gutrune und die wird sei Braut.
Brünhild sitzt derweil daham und sie wart.
Der Siegfried mi'n Tarnhelm als Gunther, 's is hart,
vergewaltigt sei eigene Frau. Oder fast.
Und raubt ihr den Ring. Die Brünhilde erblaßt.
Sie wittert Betrug. Und mit Recht, möcht i sagen.
Da meldt sich als Rächer der düstere Hagen,
der auftragsgemäß nebenbei auf der Jagd
den vergeßlichen Siegfried von hinten derschlagt.
Die arme Gutrune wird ohnmächtig gleich,
die Brünhilde bleibt treu und verbrennt mit der Leich.
Dem Gunther sei Burg äschern Flammen dann ein,
und außerdem tritt aus den Ufern der Rhein.
Der Hagen geht leider im Hochwasser unter.
Die Rheintöchter schnappen den Ring und san munter.
Die Götterburg samt alle Götter verbrennt.
Das Gold liegt im Rhein, und die Gschicht is zu End.

Dem Publikum graust, und es denkt: Gott sei Dank,
mein Schmuck hab i längst schon im Safe auf der Bank!

Dichter

sie
habn
eh
recht
die
dichter
von
heut
daß
in
jede
zeiln
nur
a
wurt
schreibn

erschtens
brauchn
sa
si
net plagn
mitn
versmaß
und
zweitens
zahlt
der
rundfunk
des
honorar

pro
zeiln
so
betrachtet
is
jeder
a
trottel
der
was
hexameter
schreibt
so
wiar
i

Moderne Kunst

Es is scho a Gfrett mit der heutigen Kunst,
davon hat doch unserans kan blassen Dunst.
Drum hab i da neulich ganz ernsthaft beschlossen,
i wer im Museum mi damit befassen.

's Gebäude is schön. Is a altes Palais.
I geh zu der Kassa und zahl mein Entree,
ganz gierig, denn schließlich will i ja heut lernen:
Was is denn nur dran an der Kunst, der modernen?

Wanns d' einikummst, liegt glei a Nackerte då,
aus Wachs, täuschend echt, wia bei Madame Tussaud,
nur unter an Glassturz. I denk mir »net übel!«
und stolper fast über an rostigen Kübel.

»A Schlamperei!« sag i und stell ihm gschwind weg.
Der Aufseher droht mir, und i kriag an Schreck.
Er zeigt mir Kamine, mit Fetzen verdeckte,
des san kane Fetzen, des nennt ma »Objekte«.

Ja, wann ma si auskennt und wann ma des waaß,
da macht der Museumsbesuch glei mehr Spaß.
Zum Beispiel habn mir ganz besonders gefallen,
aus Stoffresteln zsammdraht und g'naht, Fetzenballen,

aus Weinflaschen steht durt so was wiar a Baam.
I hätt ja a Massa so Dreckszeug dahaam …
Ma solltert, i sag's ja, net soviel verschwenden,
ma kann's, wia ma sicht, no als Kunstwerk verwenden.

Zum Beispiel a z'rissene Leinwand an d'Wand,
a dreckige Later, die wird dagegn g'lahnt,

fünf Holzkisterln, neuche, des Kunstwerk haaßt »Rosa«,
a kohlschwarzes Bild unter Glas nennen s' »Wassa«,

und dann weiße Bohnen mit Faden und Draht,
a Sonnenschirm mit an zerlecksenten Rad,
die Federn von aner uralten Matratzen,
a Rumpel mit Hemd, alles blau, voller Patzen,

und schippelweis Mullbinden, grauslich, voll Bluat,
a Meßgwand, a Pfandel, a Holztür mit Huat,
nein, was so a Künstler nur für Phantasie hat!
Wia halt a Normalverbraucher sie nie hat.

In mir steigt die Reu auf, sie nagt und sie frißt:
Wia viele Objekte schmeiß i auf'n Mist!
Die Reindeln, die Nägel, des Plastik, die Bandeln,
die Blechdosen, Kunstblumen, Glühbirn, Kartandeln!

Drum schnell nix wia haam und im Mistkübel stiern,
es drängt mich, moderne Kunst produziern!
Vurn Hamgehn besuch i no schnell die Toilette,
die ordentlich weiße und saubre, adrette.

Und frag hinterher dann den Aufseher gschreckt:
»War des jetzt ein Klo, oder war's ein Objekt?«

Künstlerheim

Dies ist ein Heim für alte Leute,
und doch nicht ganz.
Es liegt auf denen, die drin wohnen,
ein eigner Glanz.

Pantoffelschlurfende Gestalten
sieht man hier nie,
hier achtet jeder auf die eigne
Biographie.

Man läßt sich nicht so einfach gehen
wie anderswo.
Denn schließlich war man noch vor kurzem
der Romeo.

Man übte Disziplin und Haltung
ein Leben lang,
und geht, auch wenn man nicht mehr müßte,
mit straffem Gang.

Die Damen zeigen sich mit Make-up
und wohlfrisiert.
Die Herren tragen Hut und Handschuh.
Man promeniert

gelegentlich ins Stadttheater,
zum Kurkonzert.
Der Nachwuchs heute, welch ein Jammer,
ist nichts mehr wert.

Sie spielten alle große Rollen
in der Provinz.

Und einer feierte Triumphe
sogar in Linz!

Es hängt im Zimmer an den Wänden
Vergangenheit,
die Photos und Programme schwelgen
von großer Zeit.

Und immer wollen sie noch spielen.
Ist es zu spät?
Stets sind sie in Kostüm und Maske.
Die Zeit vergeht.

Es ist ein Stück mit schweren Rollen
vor leerem Haus:
Sie spieln sich vor, sie altern niemals.
Applaus, Applaus!

Inhalt

Damit's Ihna auskennen ... 7
Ungschauta ... 8
Wunschtraum ... 11

Wien is ka Weltstadt net

Hernals ... 15
Kalvariberg ... 16
Der Schulmief ... 19
Hernalser Friedhof ... 21
Die Stadtflucht ... 24
Im eignen Vaterland ... 26
Burggarten ... 29
Stadtpark ... 31
Esterhazypark ... 34
Beserlpark, glei um die Eckn ... 37
Gänsehäufel am Sunntag ... 38
Gänsehäufel unter der Wochen ... 41
Gänsehäufel ... 42
Mariahilferstraße ... 45
Naschmarkt ... 46
Watschenmann ... 49
Politisch Lied ... 51
Untern Packpapier ... 52
Das sündige Wien ... 54
A hamlicher Wunsch ... 57

Eigentlich mehr für die Frauen

Kuchlfenster ... 61
Die Zwicker-Helen ... 64

Frühling 67
Eine Pensionistin hat Zeit 70
Die Emanzipation 72
Das Aufklappbett 73
Kaffee 76
Der Jour 79
Der Zahn der Zeit 81
Hair 82
Sauna 83
Hausmittel gegen Katzenjammer 86
G'schmalzener Muttertag 89
schwoazza mutatog 90
Mutter 91
Mei Bua 93
Gratuliern gehn 96
Advent 98
Barbarazweigeln 99
Kramperl und Niklo 100
Da war Weihnachten no schön 101
Schon wieder Silvester 103

Allaa bist gar nix

Allaa bist gar nix 108
Magst mi? 109
Mir zwa 111
Immer no 112
Sunntagsglocken 113
Nachher 114
Deprimiert bis obi 115
Goethe: Rettung 116
Rettung (sehr frei nach Goethe) 118
Aus is' 119
Tür auf – Tür zua 120

Zum Singen

Lied für die älteren Jahrgänge 123
Blattel um 126
Kleiner Hymnus an die Freude 128

Gustostückerln

Apfelstrudel 131
Wiener Schnitzel 133
Die falsche Leich 136
Es war amal a Muttertag 138
Vor dem Ball (die Mutter zur Tochter) 139
Vor dem Ball (der Vater zum Sohn) 141
Im Fasching 142
Die Kreuzelschreiber 143
Souvenir aus Griechenland 145
Die Ballade vom böhmischen Glasel 147
Gedanken bei Schrammelmusik 150
Mir leben gefährlich 152
Ich fahr so gern mi'n Autobus 154

Wien is a Kulturstadt

Lyrik 159
Regietheater 160
Wagner, »Die Walküre« 162
Wagner, »Siegfried« 163
Wagner, »Götterdämmerung« 165
Dichter 166
Moderne Kunst 168
Künstlerheim 171

Folgende Gedichte sind in anderen Werken der Autorin enthalten:

»Die Stadtflucht«, »Gänsehäufel«, »Die falsche Leich« in: »A Jahr is bald um«
»Im eignen Vaterland«, »Regietheater«, »Wagner, ›Die Walküre‹«, »Wagner, ›Siegfried‹«, »Wagner, ›Götterdämmerung‹« in »Hin und wieder«
»Die Emanzipation«, »Apfelstrudel«, »Wiener Schnitzel«, »I fahr so gern mi'n Autobus«, »Lyrik«, »Dichter« in: »Das g'wisse Alter«
»Es war amal Muttertag«, »Vor dem Ball (die Mutter zur Tochter)«, »Vor dem Ball (der Vater zum Sohn)«, »Im Fasching«, »Die Kreuzelschreiber« in: »Trude Marziks Wunschbüchl«
»Die Ballade vom böhmischen Glasel«, »Gedanken bei Schrammelmusik«, »Mir leben gefährlich« in: »Zimmer, Kuchl, Kabinett«
»Eine Pensionistin hat Zeit«, »Souvenir aus Griechenland«, »Moderne Kunst«, »Künstlerheim« in: »Kultur mit Schlag«
(mit freundlicher Genehmigung des Verlags Kremayr & Scheriau, Wien)